农村土地流转与新型农业现代化

邹孔华　乔　博　著

黄河水利出版社
·郑州·

内 容 提 要

本书从我国农村经济社会发展需要出发，对当前全国农地流转现状进行系统分析和研究，对河南省开封市农地流转的实际情况进行重点调研，并总结世界发达国家农地流转和农业现代化发展经验，认为可在农地流转中运用动力机制和市场机制来配置农地资源，以适应新型农业现代化的发展要求，发挥出农业资源要素的最大效益。

本书可供农业经济相关研究人员阅读参考。

图书在版编目（CIP）数据

农村土地流转与新型农业现代化/邹孔华，乔博著.
郑州：黄河水利出版社，2014.10
ISBN 978-7-5509-0959-5

Ⅰ.①农… Ⅱ.①邹… ②乔… Ⅲ.①农村-土地流转-研究-中国②农业现代化-研究-中国
Ⅳ.①F321.1②F320.1

中国版本图书馆 CIP 数据核字（2014）第 245157 号

出 版 社：黄河水利出版社
地址：河南省郑州市顺河路黄委会综合楼 14 层 邮政编码：450003
发行单位：黄河水利出版社
发行部电话：0371-66026940、66020550、66028024、66022620（传真）
E-mail：hhslcbs@126.com
承印单位：河南承创印务有限公司
开本：850 mm×1 168 mm 1/32
印张：8
字数：201 千字 印数：1—1 000
版次：2014 年 10 月第 1 版 印次：2014 年 10 月第 1 次印刷

定价：16.00 元

前　言

本书是由河南省科技厅项目“基于新型农业现代化视角下农地流转问题及对策研究”和开封市重点调研课题“如何促进土地流转,加快新型农业现代化发展问题”等研究成果转化而来的。

由于人多地少的基本国情,我国必须更加有效地配置农地资源,以提高农业生产效率,确保我国粮食安全。于是,作者提出了在坚持集体所有制和家庭承包责任制的前提下,促进农地流转,发展适度规模经营,加快推进我国新型农业现代化建设的思想。

本书从我国农村经济社会发展需要出发,对当前我国农地流转现状和河南省开封市农地流转的实际情况进行重点调研,以加快新型农业现代化建设为视角,将农地流转置于国内外研究现状和成功经验的背景之中,运用经济学、政治学和社会学等多种学科知识,采取历史分析、制度分析和定量分析等多种分析方法,突破时空和地域的局限,对农地流转路径选择和模式进行深入分析与探讨,以期新的农地使用制度在新型农业现代化诸要素中发挥出更大的效用,助推我国新型农业现代化建设,提高农业综合生产能力,保障我国粮食安全。本书主要提出了确立正确的农地流转指导思想,健全农地流转法律体系,依法构建新型农地产权制度;明晰政府职能与市场界限,完善和创新农地流转监管制度,建立有效的农地流转动力机制,培育农地流转主体,加强市场培育,健全农村社保制度,弱化农地社保功能,营造农地流转良好的外部环境;

加强农业基础设施建设，加快小城镇建设步伐，转移农村剩余劳动力，加大招商力度，实现农地流转与园区建设的有机结合，健全农业经济组织社会化服务体系，探索经济合作组织新形式，实行我国新型农业社区建设，健全农业经济组织社会化服务体系；创新农地流转形式，发展农地流转股份化模式，解决集体所有制下农地产权不能流动的流转困境，提高效益，兼顾公平；注重研究和借鉴国内外农地流转先进经验，走出一条中国特色的农地流转道路，使我国农业发展达到全面、协调和可持续等对策措施。在采用这些对策建议时，要保持农地集体所有制不变，因地制宜，既遵循农地流转的历史规律和经济规律，也借鉴发达国家成功经验，加强政府扶持和市场培育，健全农村社保制度和加快小城镇建设步伐，转移农村剩余劳动力，建立有效的农地流转动力机制，培育农地流转主体，依据区位优势，走制度创新及模式创新之路，形成各地农地流转的独特体系和实践模式。

本书共分 11 章。第 1 章提出农地流转的研究背景、意义、国内外研究现状、研究方法及研究思路；第 2 章阐述了相关概念和理论；第 3 章分析了我国当前农地流转现状及原因；第 4 章分析了开封市农地流转的实际情况；第 5 章简单论述了农地股权化这一新的有光明前途的农地流转形式；第 6 章简要总结了发达国家农地流转经验及特点；第 7 章介绍了农业现代化的内涵和特点以及新型农业现代化的特征；第 8 章阐释与分析了新型农业现代化发展要素；第 9 章分析了发达国家农业现代化的经验和特点；第 10 章论证了农地流转与新型农业现代化的关系；第 11 章提出对策和建议；第 12 章是结论。

由于本书撰写者各方面的知识和水平有限以及项目课题的转化节点等问题，书中可能有用语不规范、结构布局不合理之处，论证可能也会不全面、不充实，缺点和失误在所难免，衷心期盼各位专家学者和同仁给予批评指正。本书集中归纳吸收了一些专家学者和研究者的理论观点及建议，在此一并表示深深的敬意和衷心的感谢。

作　者

2014 年 9 月

目　录

第1章 绪 论

1.1 研究背景

农村土地(简称农地)制度是一个国家的基本经济制度,也影响着一个国家的政体与国体。在农业发展的诸多影响因素中,农地制度是最重要的因素,决定着农业发展的方向。农地制度是农地流转的制度基础,决定了农地流转的性质和范围,农地流转是对现行农地制度的完善和补充。

党的十一届三中全会确立了家庭联产承包责任制,实现了集体土地所有权和农户承包经营权的分离,极大地提高了农地的配置效率,农副产品品种、产量显著增长。但是,家庭联产承包责任制毕竟只是一种农地使用制度的安排,随着时间的推移,其不适应性正在不断显现,最主要的问题就是小生产与大市场的矛盾难以解决,小规模经营与农业现代化要求的差距难以弥补,人口增长与耕地减少的刚性约束难以缓解,农业生产要素的高效配置难以实现。所以,在这些压力下进行农地使用制度创新,因地制宜地实行多种形式的农地流转,提高农地资源配置效率,进而逐步实现新型农业现代化就恰逢其时。

由于我国农村经济的发展,我国农户家庭人口和经济收入来源构成的变化引发了农地流转的内在需求,20 世纪 80 年代中后期就出现了农户之间自发的农地流转现象。随着我国二、三产业的发展,农业经营规模的扩大,农业产业结构的调整和农村剩余劳动力转移及城乡统筹的推进,各级政府在政策或行为上对农地流转秉持鼓励和支持态度,所以21世纪初期我国许多地区农地流转呈现出了上升趋势。特别是在党的十七届三中全会审议通过的《中共中央关于推进农村改革发展若干重大问题的决定》中,详细地论述了我国农地流转的有关规定,将农地流转提到了一个新的历史高度。但是,在实际的农地流转过程中,却出现了动力机制和市场机制不健全、保护机制不完善、偏离预设轨道、增长缓慢、低层次发展和助推农业现代化乏力等现象。本书就是基于这种背景对我国农地流转展开研究的。

1.2 研究目的及意义

本书从我国农地流转的实际情况出发,借鉴国内外农地流转经验,分析和探讨农地流转的动因、机制和环境及其对新型农业现代化发展的促进作用,尝试着从政策法规、社会保障、市场培育、机制建设、模式选择和环境营造等方面提出对策和建议,来规范农地流转行为,创新流转方式,优化配置农业生产要素,处理好承包权稳定与使用权流转的关系及公平与效率的关系,以加快我国新型农业现代化建设,提高农业综合生产能力,保障粮食安全,促进国民经济增长与和谐社会的构建。

农地是农业发展最重要的生产要素之一。农地流转的实质是农地所有权不变,承包权与经营使用权分离,经营使用权流转。在流转过程中,经营使用权成为了实际意义上的一种资产,并且具备了商品性质,客观上完成了马克思所说的“惊险一跳”,这有利于完善我国社会主义市场经济体制,相对于小农经济长期占统治地位的我国农村来说具有深远的历史意义。农地经营使用权的流转是在保持集体所有权和保留农户承包权的前提下进行的,它不仅有利于解放农村生产力,提高农业效益,增强农村集体经济实力,提高我国农业综合生产能力,而且有利于加快我国农地确权、登记、颁证的步伐，进一步落实和完善农地经营权权能，有利于提高农民收入和保护农民利益。另外，它也有利于保持农村社会稳定，不管农民是非农就业或是继续从事农业生产，都有相应的农地流转收入来保障农民的基本生活，甚至在一定意义上农民非农就业失败后在特殊情况下可以回乡收回自己的农地经营使用权，自己进行经营。这是社会主义制度与市场经济相结合的必然结果，它彻底杜绝了西方国家农业现代化、城市化和工业化过程中出现的"羊吃人"式圈地运动的发生。促进农地流转，适度规模经营，是经济全球化和一体化形势下我国农业发展的客观需要，是实现我国新型农业现代化的必然要求，是加快我国现代化建设的内在要求。新型农业现代化是解决"三农"问题的根本途径，对于实现中华民族伟大复兴和实现中国梦具有巨大的现实意义和重大的战略意义。

1.3 国内外研究现状述评

西方大多数国家实行的是土地私有化，在其经济学和法学中很少直接使用"土地流转"概念，大都将土地买卖、租赁、抵押等称作土地流转。在发达国家农业现代化进程中，农地流转以租赁最为普遍，法国通过用益权制度来引导农地流转，以色列规定农地流转只能租赁不能买卖，日本取消农地租赁的最高面积限制。在广大发展中国家中，活跃的农地交易对农业现代化发展起到了巨大的推动作用，中东欧前社会主义国家自 20 世纪 90 年代实行土地私有化以来，农村土地市场迅速发展，印度农地租赁活跃，越南和老挝农地经营权流转频繁，都推进了其农业现代化进程。我国农地流转最早出现在 20 世纪 80 年代中期，是由农民自发形成的。1988 年之后迫于现实需要，我国宪法修正案解除了严禁农地流转的禁令，1993 年之后逐步公开允许农地流转，并开始进行与此相关的制度创新与实践。20 世纪 90 年代中期以前，我国农地流转的发生率比较低，并且地区分布不均，东南沿海地区多、西北内陆少。随着我国经济社会的飞速发展，农地流转速度和规模逐年提高，农地市场初步形成，且呈现出流转模式多样化、规范化、价格合理化的趋势。但是相对于经济社会的迅猛发展，农地流转市场发育相对缓慢(林毅夫,2006)。

不少国外学者认为土地交易的本质是产权交易，合理清晰的产权制度是土地有效利用的前提，能够实现农业生产的帕累托最优。但是，大多数国外学者认为，除清晰的产权外，还必须具有配套的市场条件与经济环境才能促进土地交易市场的形成。一些西方传统经济学家认为土地交易有利于农业规模化经营，可以对农业资源进行优化配置，从而提高农业生产力，发展农业现代化，实现财富增长。也有学者认为土地所有权自由交易有可能会导致农地过分集中，出现两极分化现象，继而导致经济效率下降，引发社会不稳定。由于大多数发展中国家缺乏完善的金融服务体系和社会保障制度，在多种因素的共同作用下，实行农地租赁的方式对配置资源和发展农业现代化可能会更加有效，其风险可能也会更低。

国外学者罗伊等还对中国农村进行了一系列的研究，认为中国农地流转的较高交易成本，最终抑制了对农地流转的需求，致使效率降低。我国学者罗必良(2008)、武剑(2009)、宋山梅(2009)、杨群(2011)等从不同的角度剖析了农地流转成因，认为家庭联产承包责任制为农地流转提供了制度基础，其直接动因是农户、集体和国家等主体所推动的，家庭联产承包责任制自身不足所导致的，外力因素如政策和工商资本进入农村促成的，分散经营和规模经营的效益差异所促使的，劳动力农业生产和非农生产边际产出差异以及社会经济结构变化所促进的，最终导致了承包权与经营使用权的分离。我国学者钱忠好(2005)、李勇(2009)、徐素琴(2009)、宁建华(2010)、赵金龙(2010)、韦吉田(2012)等认为农地流转有助于提高农业生产力和解决人地矛盾，可以实现劳动力转移和农民增收，使农业资源得到高效配置，有助于调整农业产业结构和发展农业现代化，但是必须要有合理、规范的配套政策和法律制度来进行保障，并且认为目前我国农地流转缓慢的主要原因是农地的生产功能和保障功能严重制约了农地流转，农地确权难也制约着流转市场的发育，农业生产规模边际效益不变甚至递减的趋势影响了农户对农地流转的态度和愿望，就业空间也限制了农村剩余劳动力大规模的有效转移，这些都严重影响了农地流转向深层次进一步发展，在一定程度上阻碍了农业现代化的实现。

上述中外学者对农地流转成因、作用和促进农业现代化发展的绩效进行了很好的研究，为本书提供了有益借鉴，但是都没有从农地流转机制和对农业现代化发展的作用机制上进行有效论证。本书将从这两个方面进行深入分析和充分论证。

1.4 研究方法

本书主要基于作者近几年来在乡镇挂职锻炼和参加开封市新农村建设及宣传支农惠农政策的工作中积累的大量的政策和调研实践数据资料，尤其是参加河南省新型农村社区建设的调研活动以及参与开封市农业发展对策性研究所获取的相关知识和资料，对深入分析论证我国农地流转和新型农业现代化发展问题非常有益。因此，本书采用的主要研究方法是调查研究和实证分析，对有关的理论研究采用文献法，对有关的数据分析采用了定量分析法和比较分析法。

一是文献法。通过网络对国内外关于农地流转和新型农业现代化问题的研究进行检索，查阅了与本研究有关的资料近 300 篇，并且立足于农地流转和新型农业现代化的视角对当前国内外相关研究进行总结与分析，借鉴其中有关的研究成果，综合国家有关部门和部分省市相关政策、做法及统计数字，获取了大量的数据资料。

二是调查法。主要是进行实地调研，将所得的相关数据资料进行分析归纳，形成大量调研资料和理论观点。

三是定量分析法。对于促进农地流转和加快新型农业现代化发展的相关数据以及国家政策制度等进行定量分析，研究其合理性及非完备性和可补充性。

四是比较分析法。对相关政策和数据进行比较研究分析，进而得出科学、合理的结论。

1.5 研究思路

本书以促进农地流转规模经营为视角，以加快新型农业现代化建设为目标，以农地流转和新型农业现代化为研究对象，运用经济学、管理学和地理学等相关学科原理，分析国际、国内的农地流转状况及经验，对于同农地流转和新型农业现代化发展相关的模式、科技与政策制度等因子进行深入分析及探讨，评价我国现行农地制度和农业发展相关因子，提出具有针对性的对策和建议，并对其前景进行预测。

第 2 章　相关概念和理论

2.1　农　地

所谓农地，主要是指经过人类开垦与培育，农民集体所有和国家所有，依法由农民集体使用的耕地、林地、草地，以及其他依法用于农业的土地。狭义上，农地一般包括新开荒地、休闲地、轮歇地、草田轮作地，以种植农作物为主，间有零星果树、桑树及其他树木的土地和耕种时间在 3 年以上的滩地、海涂。根据农地利用状况，可以分为灌溉水田、望天田、水浇地、旱地、菜地五个二级土地利用类型。它是农业的基础，农地的数量、质量、结构、布局、功能等方面的态势均能直接影响着整个国民经济的发展和社会的稳定。

2.2　农业现代化

农业现代化是通过科学技术的渗透、工业部门的介入、现代要素的投入、市场机制的引入和服务体系的建立，用现代工业装备农业、现代科技改造农业、现代管理方法管理农业、健全的社会化服务体系服务农业，使农业在形态上成为具有当今世界先进水平的现代农业。其基本目标是提高农业综合生产力，增加农民收入，缩小工农差别和城乡差别，营造一个良好的生态环境，实现可持续发展。农业现代化具有较高的劳动生产率、资源产出率、商品率和较强的市场竞争力、抗风险能力、可持续发展能力，全链条、全循环、高质量、高效益，是与新型工业化、新型城镇化相协调的农业现代化。

具体来说,从科技上看,农业现代化是指在农业领域广泛采用现代科学技术,包括生物、化学、物理、气象、地理等多学科研究成果的应用和现代工业提供的技术准备,使落后的、传统的以体力劳动为主的农业转变为知识密集型的农业。从经济效益上看,农业现代化是指具有不断提高的农业劳动生产率、不断提高的土地生产率、高度的社会化分工以及具有掌握现代科学知识和经营管理方式的农业劳动者。农业现代化就是多重经济目标的不断实现和各种生产要素达到帕累托最优化的过程。从设计上看,农业现代化是指具有较为发达的市场经济制度、较为完善的政府干预的农业制度和良好运行的农业服务体系。从社会效益上看,农业现代化是农业社会化的过程,由封闭的、自给自足的小农经济转变为高度商品化、社会化的经济,并由此带动农村社会结构、农村文化结构、农民知识结构和价值观念的转变。从环境上看,农业现代化是人类在认识自然和改造自然的过程中,保持和维护生态平衡,使得人类能与大自然和谐相处,从而能在优美、健康的自然环境中生活,推进人类文明的进程。

2.3 农业综合生产能力

农业综合生产能力是指在正常年景,一定时期内,直接参与农业生产过程的固定资产,在具备一定组织和技术的条件下,生产出一定种类和数量的农产品的能力。这个能力既不是指年度的实际产出能力,也不是指需要经过一定时期的努力才能实现的生产潜力,而是指在满足了各项所需年度投入的条件下就可以自然实现的实际能力,特别表现为一定种类农产品持续稳定的产出数量和质量。

农业综合生产能力具有以下特征:

一是在一定时间范围内的能力。

二是在该时期内能够持续、稳定地作用于农业生产过程的固定资产的能力。

三是在正常年景的能力，而非出现频率较低的丰收年或歉收年。

四是在不借助任何外力，只是在普遍的、一定的技术条件下所表现出来的能力。也就是说，农业技术水平不是预先设计确定的，只能是对特定时期不同地区的平均技术水平进行合理的估算。

五是在正常的、合理的生产组织条件下的能力。例如，能够满足可持续性的复种方式和休闲制度。

六是能力的大小以生产一定种类的农产品数量来表示，不同种类农产品之间的比例不是恒定的，需要根据不同时期的需求和资源状况来统筹确定。

2.4 “三化”协调发展

“三化”协调发展是指工业化、城镇化、农业现代化“三化”之间相互促进、共同发展、良性循环，而不是相互矛盾、相互掣肘、制约发展。农业的发展为工业和城镇提供食物、原料等基础供给；工业为农业提供农机、化肥、农药等现代生产资料，为城镇提供产业支撑；城镇为工业聚集发展和农业规模化创造条件、提供市场等。“三化”协调的总目标是经济社会又好又快发展，加快实现小康和现代化。具体目标就是工业化、城镇化持续快速发展的同时，农业特别是粮食生产能力持续提高，就是走一条不以牺牲农业和粮食为代价的工业化、城镇化道路。反过来，也不能走一条牺牲工业化、城镇化的保护粮食安全和实现农业现代化的道路。牺牲工业化、城镇化的农业现代化必然导致农业投入的过密化和严重的投资收益递减，造成农民的整体贫困，难以实现全面小康和现代化。

2.5 人地关系理论

人地关系理论是对人与地理环境关系的一种简单阐述。其“人”并非指个人或者人类,其“地”也非单指土地。狭义上,可以理解为人类社会及其活动与自然环境之间的关系。在经典理论中,人地关系将地理环境与自然环境等同起来。广义上,人地关系是指人类社会的生存与发展或人类活动与地理环境之间的关系,这里的地理环境是指自然环境与人文环境交织结合而成的地理环境整体。这里不难发现,现代人所认知的人地关系为广义解释,也更能切合当今世界发展的实际。由此可以看出,人地关系理论的发展经历了一个漫长的过程,先后经历了环境决定论、人地相关论、适应论、人类生态论、文化景观论、唯生产力论、非决定论、人地协调论等不同发展阶段。不同阶段的理论都具有一定的时代局限性。但是,在探索的发展过程中仍然表现出了人地关系中的一些基本的共同性。其基本原理:一个是土地承载力限制与超越原理,另一个是人地关系地域关联互动原理。其基本特点:人与环境之间物质能量的交换范围和规模空前扩大,人地关系对抗激烈程度日渐加剧,人地关系中人为化趋势逐渐加强,人类正在有意识地寻求协调人地关系的有效途径。本书对农地流转和新型农业现代化的研究实际上就是对人地关系理论的延伸和深化,尽力探求人类发展中农地资源和农业发展的协调性。

2.6 资源稀缺理论

资源稀缺理论人类的多样需求具有无限增长性,为了满足需要,就会生产出越来越多的产品,也就需要越来越多的资源。资源稀缺理论是相对于人类的这种无限的需求而言的。在一定的时期内用于满足需求的生产资源是有限的。由于一种资源往往具有多用性，这就使得有限的资源相对于人类无限而又多样的需求来说则是远远不能满足的。资源稀缺理论研究的目的就是如何对有限的资源进行科学的、合理的、有效的配置，来最大程度地满足人类的需求。资源稀缺是农地资源安全与粮食安全问题产生的根本原因。如果农地资源取之不尽，粮食用之不竭，也就不会产生粮食安全和农地资源安全的危机了。所以，资源稀缺理论是本书研究粮食安全与农地保护问题的基本点和出发点。稀缺资源的有效配置是经济学的重要学科，资源稀缺性也一直是微观经济学研究的一个重要命题。

在漫长的发展过程中，从开始的古典悲观论到当前对资源稀缺采取的现实政策措施，反映了人们在资源稀缺问题研究上的理性回归。我们所在的地球，表面积虽然有 5.1 亿 km^2，可 70% 以上是海洋，陆地面积还不到 30%。在陆地面积中，又有沙漠、冰川、冻土等不宜利用的土地，只有 30% 左右的土地适用于粮食耕种。随着世界人口的大增长和经济的飞速发展，人均耕地面积迅速减少，势必影响了以农地为基础的农业生产，使粮食安全不容乐观。

2.7 公共物品理论

保罗·萨缪尔森给公共物品或劳务下过定义，他认为纯公共物品具有效用的不可分割性、消费的非竞争性和受益的非排他性，这是同私人物品的根本区别所在。不能完全具有这三个特征的就是准公共物品。准公共物品一般也和外部效应联系在一起，不论是正效应还是负效应，如果不能予以纠正或抵消，其结果将是资源配置的失败。也就是不是过多（存在负的外部效应时），就是短缺（存在正的外部效应时）。粮食是人人都不能少的物品，所以是一种公益性商品，具有准公共物品特征。农地资源也具有公共物品的非竞争性和非排他性。一个人享受农地资源带来的好处并不影响其他人对此的享受，而且任何一个享受这一好处的人不能轻易占有农地资源这一公共物品。同时我们也能看到，当一个地区或国家的人口超出农地资源承载能力时，生态环境就会趋于恶化，农地资源安全的整体效用就会降低。所以，我们可以以此判断耕地资源安全属于公共物品中的准公共物品。由于农地资源安全在产权上的模糊性，极易造成"搭便车"现象，这是产生农地资源安全问题的直接动因，要保持和提高农地资源这种准公共物品的安全程度，必须依靠政府和市场共同努力才能实现。

2.8 生产要素理论

最早论及生产要素概念的是17世纪英国著名经济学家威廉佩第，他提出的"生产要素二元论"成了西方经济学建立的基础与前提，是西方经济学关于生产要素理论的出发点。法国经济学家萨伊第一次系统地论述了生产要素的构成，把土地、劳动和资本归结为生产的三个要素，即"生产要素三元论"，得到了大多数西方经济学家的肯定。后来，英国的经济学家西尼尔又提出了三个生产要素：劳动、自然要素和节制。"生产要素三元论"在西方经济学生产要素理论中长期占据着主导地位。19世纪末，英国著名经济学大师马歇尔在肯定三要素的同时，又增加了一个新的生产要素——组织，从而形成"生产要素四元论"。此后一些学者进行积极探索，发展了生产要素理论。例如，中国学者徐寿波在20世纪80年代提出了六种生产要素，即人力、财力、物力、运力、自然力和时力等，对丰富生产要素理论做出了贡献。

2.9 可持续发展理论

1987 年,世界环境与发展委员会(WECD)将可持续发展定义为:既满足当代人需求,又不损害后代满足其需求能力的发展。其后,可持续发展问题专题研讨会又从生态发展观的角度提出了可持续发展的定义,《世界资源报告(1992 - 1993)》中又从经济发展观的角度提出了"促进不降低环境质量和不破坏世界自然资源基础的经济发展"的定义。

尽管对可持续发展思想的提出源于人们对环境问题的热切关注与认识,其侧重点也有所不同,但是有其共同原则:一是可持续性。可持续性的核心是指人类社会经济发展不能超越资源与环境的承载能力,并以此为依据来调整自己的生产、生活方式。二是公平性。它包括代内公平、代际公平以及资源的合理公平分配。三是共同性。共同性包括发展目标的共同性和行动的共同性。发展目标的共同性就是保持地球生态系统的安全,并以最合理的利用方式为整个人类服务。行动的共同性是指可持续发展没有国界,可持续发展需要世界各国在行动上的协调统一。四是发展性。它是可持续发展思想的核心,实现人口、资源、环境与经济协调发展的根本保障。五是质量性。可持续发展强调经济发展的质,而不是只讲数量,强调的是经济增长中环境质量及整个人类物质和精神生活质量的提高。

可持续发展理论的核心是发展,这种发展是在一定约束条件下的发展,它必须是在保障自然资源系统、健康、稳定的前提下的发展,只有这样才能实现可持续的发展。这为我国研究耕地资源安全和粮食安全问题指明了方向。

2.10 帕累托最优理论

帕累托最优是指在一种经济状况下，如果不能寻找到一种方法能在不使任何其他人境况变坏的前提下，而使某（些）人的境况变得更加良好，那么这种经济状况就是帕累托最优状态。如果资源和产出的配置能够得到满足，任何改变都不能在不使任何其他人境况变坏的前提下，使其他人的境况变得更好，那么这种配置就是我们通常所说的帕累托最优配置。在我国市场改革进程中，认为市场是资源配置的有效手段，通过改善我国市场经济发展环境，力求达到我国资源配置的帕累托最优化状态，是经济改革的最终目标。

2.11 安全科学理论

安全科学的兴起源于人们对工程事故的预防，起初只是对安全保障技术的研究与开发，后来逐步发展成为今天的安全科学。它是人类生存和发展最基本的需要之一，是一门新兴的学科，其理论体系正处在不断发展与完善的过程中。

粮食安全的定义是只有当所有人在任何时候都能够在物质上和经济上获得足够、安全和富有营养的食物，来满足其积极和健康生活的膳食需要及食物偏好时，才实现了粮食安全。它是一个多学科相互交叉的综合性研究课题，其研究的理论基础较为宽泛，资源稀缺理论、公共物品理论、人地关系理论、可持续发展理论和安全科学理论等只是代表其主要的理论基础。其主要内涵有三个层面，一是确保能生产足够数量的粮食；二是可最大限度地稳定粮食供应；三是要确保所有人都能获得粮食。这三者中缺少任何一个或两个因素，都将导致粮食不安全。安全科学为我们解决粮食安全问题提供了理论依据。

与粮食有关的"国家安全理论"主要是从战略地位上来考虑农业产业的。它是指一个国家满足粮食需求以及抵御可能出现的各种不测事件的能力,取决于国家粮食生产及消费的能力和水平,同时和国家经济发展水平及外贸状况相关联。国家粮食安全主要包括三个方面:一是物资保障能力和水平。包括粮食生产自给能力、进口能力和储备能力等。二是消费能力和水平。包括粮食的有效需求总量以及与经济发展水平和人们的收入水平相适应的消费结构和消费偏好等。三是保障粮食供给的途径和机制。包括粮食流通体制和供应机制,以及与人们的收入水平相适应的价格政策等。国家粮食安全指标是粮食安全的评价标准,联合国粮农组织(FAO)提出了三个基本标准:一是国家粮食的自给率必须努力达到95%以上(粮食生产上的安全)。二是人均粮食应达到400 kg(粮食消费上的安全)。三是粮食的储备(粮食库存)应该达到本年度粮食消费的18%,14%为警戒线,低于14%为粮食紧急状态。

衡量一个国家粮食是否安全,一般以粮食库存安全系数为主要参考指标,同时还应考虑粮食产量波动系数、粮食外贸依存系数、人均粮食占有量和贫困人口的温饱状况等多项指标。

安全科学理论认为自由贸易的结果是各国生产的专业化程度越来越高,必然会使某一具体的国内产业不断萎缩,最终将处于战略性考虑的规模之下,使得该国对外的经济依存度大大增加,一旦外界经贸形势发生剧烈变动,就有可能使本国陷入受制于人的被动地位,最终将危及国家的独立性,使国家安全面临威胁。因此,对于关系到国家安全的一些重要战略物资必须以本土生产为主,外部进口为辅。从其种类来看,尽管不同的商品因不同国家而有所不同,但是从总体来看,基本上是指粮食及一些重要矿产资源如石油等战略物资。当这些重要物资面临着国际市场的激烈竞争时,本国政府及相关产业部门要积极采取措施,进行重点保护。

第3章 农地流转

3.1 我国耕地资源的变动

3.1.1 新中国成立后到1986年耕地总量变动情况

由于1986年我国原国家土地管理局成立,一些相关法律政策也出台和实施,所以本书将这一时段独立出来。1949~1986年,我国耕地面积的变动经历了多次波折,有递增期,也有递减期。1957年底,全国耕地总量达到23.34亿亩(1亩=1/15 hm^2),为历史上最高水平。此后,直到1966年,我国耕地总量基本上呈直线递减趋势:在1964年、1965年、1969年、1972年、1978年和1979年略有增加外,其他年份都是减少的。本书将新中国成立后到1986年的耕地变化情况分为四个时间段:1949~1957年是耕地增长期;1963~1974年是耕地递减期;1975~1981年是耕地递减的初步治理阶段;1982~1986年是耕地减少高峰期。

第一阶段:耕地增长期(1949~1957年)。由于多年的战争使耕地荒芜,耕地面积减少。新中国成立初期耕地面积增加的主要途径是垦荒,于1957年达到了顶峰,但是这种开发方式导致了耕地后备资源的减少,耕地面积增加受阻。

第二阶段:耕地递减期(1963~1974年)。1963~1965年,耕地总量已大大小于第一阶段。1966年由于政治气氛浓厚,虽然也强调"以粮为纲",计划经济体制使农民的积极性受挫,再加上耕地后备资源的减少,耕地面积迅速减少。

第三阶段：耕地递减的初步治理阶段（1975 ~ 1981 年）。1975 ~ 1977年，一些省（区、市）人地矛盾较为突出，纷纷下发了一系列制止乱占耕地的文件。由于行政管理有所加强，耕地递减速度减缓。1978 年以后，随着“文化大革命”的结束和农村土地制度改革的开始，农民生产积极性被激发。1978 年，净增 214 万亩和 1979 年净增 163 万亩。但是 1980 年耕地面积又开始下降。

第四阶段：耕地减少高峰期（1982 ~ 1986 年）。这几年耕地的平均年减幅度达到 842.3 万亩，尤其是 1984 ~ 1986 年，分别比上年净减了 758 万亩、1 542 万亩、925 万亩，其主要原因是人为占用耕地。这时耕地下降速度几乎与我国经济、乡镇企业和农业“超常”增长达到了同步增长。

3.1.2 1987 ~ 1995 年耕地总量变化情况

1987 ~ 1995 年耕地面积变化有两个时段。1987 ~ 1990 年是耕地递减情况好转阶段，耕地净减少面积从 1987 年的 511 万亩，逐步降至 1989 年的 99 万亩，尤其在 1990 年，耕地不仅没有减少，反而增加了 27 万亩。但是，从 1991 年起又开始递减，1992 年净减少 341 万亩，尤其是 1993 年和 1994 年大幅度减少了 486 万亩和 597 万亩。究其原因，则是 1986 年国家土地管理局的成立和 1987 年我国《土地管理法》的颁布以及 1988 年 1 月开始征收耕地占用税。这些法规、条例和措施的有效执行，在一定程度上遏制了当时耕地递减势头，以后国家开始采取措施控制耕地面积的减少。但是，随着国家土地供应双轨制的逐渐实施，土地价值日益增加，各地纷纷圈占土地，大规模建立开发区，房地产业随之兴起。据统计资料显示，截至 1993 年 3 月，我国县级以上的开发区已经达到了 6 000 多个，占地 1.5 万 km^2，比当时城镇城区用地面积总量还多 1 600 万 km^2。

由于从 1996 年起我国国土资源部开始公布全国土地利用现

状调查数据，所以以 1996 年为界，其后的耕地情况纳入到下一段分析之中。

3.2 近十多年来耕地面积的变化情况

近十多年来，我国把“十分珍惜和合理利用每一寸土地，切实保护耕地”作为基本国策来贯彻执行，党的十七届三中全会又明确提出我国要实行最严格的耕地保护制度，“坚决守住 18 亿亩耕地红线”。可是耕地减少趋势一直都没有从根本上得到有效的遏制，更不用说发生大的逆转了。

1996 年 10 月底，全国耕地面积达到 19.51 亿亩，到了 2002 年全国耕地下降为 18.89 万亩，2003 年耕地总量为 18.51 亿亩，2004 年为 18.37 亿亩，2005 年下降为 18.31 亿亩。特别是 2003 年这一年全国耕地面积减少量达到了顶峰，净减少了 3 806.08 万亩。2003 年，我国粮食产量也是 1996 年来最低的，只有 4 310 亿 kg，仅为历史最高年份 1998 年 5.12 亿 t 的 84%，下降 16 个百分点，形成当年粮食产量与需求量的巨大缺口，导致市场粮价迅速上涨，拉动全国物价上涨，使 2004 年上季度全社会物价指数升到 3% 以上，通货膨胀阴影显露。2005 年，我国人均耕地降为 1.4 亩，为当时历史最低值。从 2004 年开始，耕地减少趋势有所平缓，截至 2008 年底全国耕地面积为 18.26 亿亩，共减少 0.11 亿亩，人均耕地面积仅为 1.37 亩，不足世界平均水平的 40%。这一耕地保有量一直延续到了 2010 年。从各省市来看，2000 年以来，耕地面积减少最多的省（区、市）依次为陕西、河北、四川、内蒙古、山西、甘肃、宁夏、广东、重庆、贵州、云南、湖北、江苏、安徽、浙江、广西、河南、江西，这些省（区、市）的耕地减少面积均在 20 万亩以上。（数据来源：国土资源部、国家统计局）

以江苏为例。21 世纪初，南京市共减少耕地 5.233 万 hm^2，超过了一个溧水县的耕地面积，按现有生产水平计算，相当于永久性地减少了 66 万 t 粮食生产能力。在苏州，2002 年全市减少耕地 10 317 hm^2，其中昆山就减少了 4 831 hm^2。按苏州当时的经济增长要求，每增长 1% 的 GDP 就要消耗 267 hm^2 土地，每年新增项目用地将需 4 000 hm^2 左右。耕地面积如果按照当年的速度减下去，在其后 20 年内，苏州周边郊县耕地面积将丧失殆尽，严重影响当地粮食生产和供给问题。

这一时期，我国耕地出现了面积大量减少和保护措施日益严格并存的特征。从 1997 年"世界上最为严格的耕地保护制度"的建立、《刑法》中"破坏耕地罪""非法批地罪"和"非法转让土地罪"的增设，到 1998 年国土资源部的成立、1999 年新《土地管理法》和《基本农田保护条例》的正式实施，再到 2003 年省以下土地垂直管理体制的建立等政策措施无不体现了中央对耕地保护的重视。针对乱占滥用耕地的根源——地方政府的寻租行为，2004 年国务院颁布 28 号文件规定：保护和合理利用土地的责任在地方各级人民政府，省、自治区、直辖市人民政府应负主要责任。2005 年，国务院办公厅印发了《省级政府耕地保护责任目标考核办法》，进一步明确各省、自治区、直辖市人民政府应对《全国土地利用总体规划纲要》确定的本行政区域内的耕地保有量和基本农田保护面积负责，省长（主席）、市长为第一责任人。2006 年，国家"土地调控"对耕地保护来说是前所未有的利好政策，可以有效延缓耕地减少过快的势头。"十一五"规划更是将保有 18 亿亩耕地作为硬性约束指标之一。然而，耕地面积还是大幅减少，耕地保护依然面临着十分严峻的形势。从组成结构来看，是生态退耕的幅度增大；从建设占用的原因来看，是经济快速发展和"圈地运动"的兴起。原则上，《土地管理法》得到修改，耕地占用变得困难。然而，各地都绕过法律规定，采用"统征零批"等方式巧妙地圈地。到目前为止，我国经历了三次"圈地运动"。在 20 世纪 80

年代中前期，乡村企业兴起，“以地兴企”，发起了第一次“圈地运动”。1998 年开始的消费性的“以地生财”运动，掀起设立开发区的热潮，也称为第二轮“圈地运动”，一直延续到 2003 ~ 2008 年的第三次“圈地运动”，并为后者更加疯狂地圈地作了铺垫。根据国土资源部统计，在第三次“圈地运动”中，各地开发区数量达到了几千个，占地面积超过了 3.51 万 km^2，超过全国城镇建设用地的总和，是第一次“圈地运动”开发区占地总量的 1 倍多。总的来说，目前我国耕地呈现如下态势。

3.2.1 “占补平衡”下，数量、质量双重失衡

3.2.1.1 耕地数量

根据 1996 年国土资源土地利用现状调查结果显示，截止到当年 10 月 31 日，我国耕地面积仍有 1.30 亿 hm^2（19.50 亿亩），人均耕地为 0.092 hm^2（1.38 亩），但是也是仅占世界人均耕地的 43%，不到美国的 1/6、俄罗斯的 1/8、加拿大的 1/15。在这些耕地中，有灌溉设施的保收田占耕地总量的 39.8%，大部分（约 2/3）为中低产田。根据 2010 年全国人大农业与农村委员会统计结果显示，2010 年我国耕地面积仅为 18.26 亿亩，比 1996 年的 19.51 亿亩减少 1.25 亿亩。耕地面积迅速减少，保护耕地的压力不断增大。

世界发达国家的发展经验表明，人口密集国家或地区的工业化进程愈快，耕地损失愈多。我国台湾省在 1962 ~ 1994 年经济快速增长时期耕地面积减少 42%。1986 ~ 1995 年，我国非农业建设占用耕地年均 50 万 hm^2，9 年间耕地面积共减少了 38.44%，年均减少 4.27%。韩国 1965 ~ 1994 年耕地面积减少 46%，日本 1955 ~ 1994年耕地面积减少 52%。参考我国台湾省和日本、韩国的耕地变化情况，可以推断我国未来 30 年期限里，如果耕地面积年均减少 1.2%（年均减少耕地 156 万 hm^2），则到 2042 年时，我国

耕地将减少 0.468 亿 hm^2。假设我国耕地减少控制得很好，未来30 年期限里耕地面积年均只减少 0.5%（年均减少耕地 65 万 hm^2），届时耕地总面积将减少 0.195 亿 hm^2。如果年均仅减少 0.2%（年均减少耕地面积 26 万 hm^2），2040 年时耕地总面积将减少 0.078 亿 hm^2。但是，如果将非农业建设用地控制在这一水平上，我国的工业化和城镇化步伐将受影响。另外，我国耕地中有 0.06 亿 hm^2 位于 25°以上的陡坡（部分已辟为梯田，数量不详），为改善生态环境和防治水土流失，这些坡地必须退耕还林。

依据上述情况可以推测，在未来 30 年期限里，我国非农建设占用耕地如果年均只增加 0.2%，则将占用耕地 0.078 亿 hm^2。到时我国耕地总量还勉强能够保持数量上的动态平衡（增加 0.08 亿 hm^2 或 0.133 亿 hm^2，减少 0.078 + 0.06 = 0.138（亿 hm^2））。但是，如果非农建设占用耕地年均增长超过 0.2%，则我国的耕地总量就无法保持动态平衡。对比日本、韩国和我国台湾省的情况，如果我国非农业建设占用耕地面积年均增长 1.2%，届时我国的耕地面积只能保持 0.773 亿 hm^2（减少 0.468 亿 hm^2）的水平，人均只有 0.048 hm^2，将低于联合国规定的人均 0.053 hm^2 耕地的警戒线。有一个因素我们得考虑，那就是我国的工业化和城市化具有后发优势，通过精心规划和设计，可以在一定程度上避免东亚发达国家或地区过度占用耕地进行工业化和城市化的缺陷，甚至在某一时期作物播种面积会有所增加。例如，在 2012 年我国播种面积就比较稳定，高产作物面积增加，全国粮食播种面积 11 126.7 万 hm^2，比 2011 年增加了 69.4 万 hm^2，增长了 0.6%，粮食增产 358 万 t。但是，后发优势的作用不可能大到足以保证我国的耕地面积总量达到动态平衡。当前我国 13 亿多人口中毕竟有近 8 亿农民，要使我国农业劳动力占社会总劳动力比重下降到 15% 左右的水平，达到农业现代化的标准，还将有 2.4 亿左右的农业劳动力人口转入非农业部门，加上其抚养的人口大约有 5 亿人口转入城市，相当于建 60 个上海市。当人口达到 16 亿(2030 年)时,兴建 60 个上海市也解决不了现实我国大规模的人口转移问题。因此,我国耕地面积总量减少趋势将难以从根本上得到遏制,未来相当长时期内耕地面积减少难以避免。

3.2.1.2 耕地质量

耕地质量不仅是实现粮食安全的基本要素,同时也是耕地生产能力的重要保证。劣质耕地不可能有高的生产能力,质量差并且受到污染的耕地可能会生产出不安全的农产品。耕地质量取决于两大因素:一是耕地内在因素;二是外部条件。

目前,我国耕地质量呈现如下状况。

1. 总量少

虽然我国有 960 万 km^2 土地,但是山地和丘陵面积大,平原仅占陆地国土面积的 12%,并且有很大一部分土地位于山坡丘陵区、干旱半干旱区或低洼易涝区。全国的保收田只占耕地总面积的 39.9%,60% 的耕地受到干旱、坡度、洪涝、盐碱等各种限制因素的制约,质量相对较差。受到这些障碍因素影响的耕地占总耕地面积的比重为瘠薄耕地 17.9%、缺水耕地 17%、坡耕地11.1%、渍涝旱地 4.7%、渍涝水田 4.1%、盐碱耕地 2.9%、风沙耕地 2.2%、其他障碍因素耕地 7.9%。

2. 质量下降

当前我国耕地质量下降有加速的趋势,其原因有以下四个方面:

一是占补的优劣差别。被征用的建设耕地,大多是城郊的良田和菜地,熟化程度高,产出率高,而新开发的耕地尽管在数量上有可能达到占补平衡,但是几乎都是占良补劣,甚至在质量和产出率上相差几倍。一般来说,3 hm^2 新地才能抵得上 1 hm^2 熟地。在新开发耕地的最初几年内,产量只有熟地的 1/5 ~ 1/3。我国耕地减少现在还主要集中在水热条件较好的南方地区。南方的耕地产量相当于北方耕地产量的1.6倍。而开垦后备耕地所补偿的耕地主要分布在北纬40°~50°的热量不够丰富的一年一熟地区，同时又是降水量小、干燥度高的干旱半干旱地区。

二是耕地资源生态环境恶化。水流失、土壤沙化、土壤盐碱化、土壤贫瘠化和土壤污染引起了耕地质量下降。据国家水利部门2008年调查统计，我国水土流失面积达356万km^2，全国平均每年水土流失面积达1万km^2，并且流失面积仍在继续扩大。全国每年输入江河湖海的泥沙超过100亿t，相当于1.6亿t化肥，300万hm^2耕地的耕作层土壤。目前，全国沙化土地仍在以34.96万hm^2/a的速度扩展，酸雨区已扩展到陆地面积的30%，有100万hm^2耕地受盐渍化的影响，固体废弃物堆压土地达0.367万hm^2，有100万hm^2的农田遭受了污染破坏。

三是耕地“养”“用”不当，造成地力下降。改革开放前，我国耕地土壤生产能力的主要限制因素是土壤氮、磷养分不足，现在维持多年的高产主要是靠农用化学品的大量投入，而有机肥施用量逐年减少。作物产量是增长了，但是土壤结构变化了，养分比例失调了，出现了土壤硬化和酸性化现象。另外，高强度的耕作也导致耕地地力下降。

四是没有严格的管理制度和健全的政策法规，掠夺式的利用方式导致土地质量下降。

近几年，我国实行的耕地总量动态平衡政策虽然在一定程度上遏制了耕地数量的减少，但是对耕地质量的下降却没有明确的政策法规约束，导致改土培肥的投资少了，一直执行的耕地控制政策只管数量指标是否平衡，而不管占补质量是否相当。再加上耕地财产权利制度不完善、管理不到位，经营耕地没有长期的、良好的盈利预期，导致了严重的掠夺式利用或随意抛荒现象，耕地质量加速下降。

3.2.2 后备资源少、开发难度大

虽然我国国土总体面积大，但是耕地后备资源却十分有限。1996 年，全国后备耕地资源还有近 2 亿亩(0.133 亿 hm^2)，若按 60% 的开垦率计算，可开垦耕地 1.2 亿亩(0.08 亿 hm^2)。但是，到了 2015 年，我国可开垦成耕地的耕地后备资源就不足 600 万亩了。究其原因，是山地与荒地面积虽广，宜垦土地却十分有限，加上受水热匹配条件的限制，宜垦土地更为稀缺。另外，现有耕地中又有 60% ~70% 的面积深受侵蚀、渍涝、盐碱、板结、砾石潜育层、砂浆层等因素的制约，开发利用难度大，所需资金、技术与人力的投入也大。不仅如此，由于减少的耕地大多为优质地，而新垦耕地质量差，又多在边远地区。因此，在质量上是得不偿失。从结构上看，耕地减少中水田所占比重较大；从地域分布上看，耕地减少又主要集中在水热条件较好的南方地区；从用地方式上看，无论是农业结构调整，还是非农的建设用地，均是以牺牲优质耕地资源为代价的。另外，边远地区的垦殖活动容易引发较大的生态灾害，最终有可能殃及发达地区。

3.2.3 利用程度高，但浪费严重

由于人多地少的社会现实、比较利益机制的驱动、非农用地的快速增长、农业结构调整的大量耕地损失，我国耕地一直存在长期的较高的利用率问题。它表现在作物复种指数和单产两个方面。一方面是耕地的复种指数较高。1995 年，全国复种指数高达 157.8%，除东北、西北地区受气候影响而复种指数低外，南方大部分地区农作物的平均复种指数达到 200% 以上。例如，福建为 242.5%、江西为 257.78%。尽管后来有所下降，2005 年全国复种指数只有 155%，可是 2008 年又达到了 198% 以上。但是，由于我国总体上“三农”问题较多，提高复种指数的瓶颈也多，以后若无

技术方面的重大突破，复种指数的提高定会是困难的。另一方面是作物单产水平较高。从现有投入水平与耕地的综合生产能力上来看，单产水平的进一步提高也将面临着很大的压力与难度。（数据来源：国家发改委）

虽然我国耕地问题有法制不健全、用途管制失控引起用地紧张的一面，但是同时又有耕地闲置严重浪费的一面。一方面，受比较利益机制的驱动，农业结构调整不仅损失了大量耕地，而且受市场变化与价格调整的影响，结构调整后的耕地又有许多处于闲置状态。另一方面，十分严重的非农建设用地的浪费现象。在我国现有城镇建设用地中，城市平均容积率较低，利用率也低，不少土地处于闲置状态。农村居民点建设用地也是低效利用，很多也处于闲置状态，“空心村”大量存在。另外，全国相当多的耕地零碎不整，导致了闲散地、废沟塘、取土坑、田间道路面积过多，不少耕地不能被充分利用。再加上一些省市在国家已冻结非农建设用地的情况下，一年仍批准重点工程上千个，甚至有的地区在公路两侧大搞五十米绿化带，盲目追求与建设大都市、大马路、大广场等，造成了耕地的严重浪费。（资料来源：国土资源部）

3.3 耕地变动特征

3.3.1 递减速度加快

新中国成立后，我国耕地变化及波动范围（最大值与最小值的偏差占年均值的比重）大致呈两头大、中间小的哑铃形状。前一个大是1949～1957年耕地迅速增加，耕地波动幅度大；后一个大是近20年耕地减幅大，波动范围广。在1997～2003年的7年间，全国共减少耕地约1亿亩（0.067亿hm^2），至2010年我国耕地面积仅为18.26亿亩（1.217亿hm^2），比1996年的19.5亿亩

(1.3 亿 hm^2)减少 1.24 亿亩(0.083 亿 hm^2),足见近年来耕地递减正在加速。

3.3.2 因子变动

我国耕地减少的路径是由基本建设占用过渡到农业内部结构调整再过渡到生态退耕占用。相关研究调查表明, 1963 ~1974 年占地的主要原因是基本建设占地, 并且国家建设占地大于农村建设占地;1975 ~ 1981 年国营、集体、个人基建占地比重从原来的 70% 左右下降到 50% ~60% ;1982 ~1986 年的占地高峰段中基建占地占总占地比重继续下降, 并于 1985 年以后降为第二位因素。如果将国家基建占用、乡镇基建占用和农村建房占用加起来, 1985 ~1989 年的平均比重也不过 20.6% 。1997 ~2003 年耕地减少的主要组成部分是生态退耕, 其占耕地减少的比重从 1997 年的 35.35% 直线上升到了 2003 年的 78.55% , 2005 年的 58.42% , 2009 年的 60% 。但是,随着房地产和开发区热的迅速升温,国家和乡镇建设用地在耕地减少中所占比例迅速增长,这一点是值得人们注意和警惕的。

3.3.3 深层原因

从历史看, 中国耕地数量变化明显呈整体减少、局部波动的特征。每一时期耕地数量的波动都与当时的政治、经济、社会文化背景息息相关。1949 ~1977 年的耕地变动与政治运动、农业和粮食生产特别相关;1978 ~1990 年的耕地变动与经济体制改革和土地制度改革特别相关;从 1990 年开始,耕地变动与经济飞速发展和城市土地有偿使用制的大量推广及土地管理法制的不健全相关,造成耕地总量递减, 进入 21 世纪延续并发展了这种时代特征。

3.4 耕地变动分析

最近十多年来，我国一直强调用严格的耕地保护制度来保护耕地，并采取了耕地占补平衡、总量动态平衡和用途管制等措施，但是耕地总量仍呈逐年递减之势。在每年两会上，很多“耕地保护”的提案被重视，说明了我国耕地保护形势十分严峻，同时也预示着“十二五”期间很难改变耕地递减之势。

我国耕地减少主要是建设占用耕地、灾毁耕地、生态退耕和农业结构调整等因素造成的。1999 年以来，造成耕地面积大量减少的主要原因是生态退耕和建设占用耕地，分别占四种类型总减量的 61.92% 和 18.84%。1999 ~ 2006 年，耕地面积减少的最主要因素均是生态退耕。特别是 2003 年，生态退耕在当年总减量的贡献率达到了 78%。其中 23 个省（区、市）耕地减少的最主要类型均为生态退耕。从 2007 年起，耕地减少的主要类型是建设占用耕地，贡献率达到了总减量的 78.2%。以下对近些年来耕地变动的主要原因进行简单的分析。

3.4.1 建设占用

建设用地与经济社会发展有密切联系。随着工业化和城镇化进程加快，建设用地过度膨胀，大量农田被占用。由于耕地向建设用地的流转是单向的，而建设用地向耕地流转在农业生产上具有较大的技术障碍，建设用地的快速增长和乱占滥用，造成耕地数量锐减的趋势进一步加剧。20 世纪末，一般建设用地占耕地总减量的 20% 左右；21 世纪初，建设用地面积迅速增加。建设用地面积最大的省份依次为江苏、浙江、山东和河南，占全国建设占用耕地总量的 40.35%。这说明建设占用耕地主要分布在东部沿海和部分内陆等经济较为发达的地区，大多是城镇周围和交通沿线质量高的长期投入积累多的良田，占用类型多为平原耕地，对耕地数量和质量的影响都较为严重。但是，近来有进一步加速的趋势，2009年建设用地占到了我国耕地总减量的23%。2011年，国土资源部下达全国城市新增建设用地指标只有600万亩，而各地上报国务院的计划高达1 500万亩，未来确保18亿亩耕地红线的难度很大。

3.4.2 生态退耕

生态退耕是由于生态环境的退化、盐碱化和沙漠化等侵蚀着大量土地，致使很多耕地贫瘠化，才迫使人们进行生态退耕。它同自然条件和国家规划是密切相关的。我国的生态退耕主要是对严重盐碱化、严重沙化和陡坡等不宜继续耕种的耕地及生态系统十分脆弱的耕地进行生态还林、还草和还湖治理，通过生态退耕，恢复一部分生态系统功能。近10多年来，全国绝大部分省（区、市）都出现了大规模的生态退耕。特别是在西部地区，由于土地沙漠化严重，生态退耕力度更大。1999～2008年，全国生态退耕面积达到1.04亿亩，约占到耕地减少总量的60%，是比重最大的部分。从整体上来看，我国生态退耕土地面积呈“U”形变化，2003年达到顶峰，为0.35亿亩，随后逐渐减少，2008年仅为11.4万亩。生态退耕政策和战略的制定实施，是对我国以前片面追求粮食自给的纠正，是国家为了防治水土流失，优化农村产业结构，发展农村经济，增加农民收入，改善农村生活条件的一项重大决策和举措，是盲目扩大粮食作物种植规模后的回归，即通过包括退耕在内的产业结构大调整，大幅调减了粮食种植面积，使粮食产量逐年下降到一个合理的水平。它也是造成粮食作物播种面积下降的重要因素，对于粮食生产来说具有一定的消极性。但是，生态退耕有助于改善生态环境，有增强粮食综合生产能力持续提升的一面，有促进耕地总体质量提高的一面，作用和效果是值得肯定的。

3.4.3 农业结构调整

农业结构调整有两个含义，一是指用地的调整，二是指生产的调整。对耕地的影响，既包括将园林地、牧草地或水域等调整为耕地，也包括将耕地调整为园林地、牧草地或水域等，前者会增加耕地，后者会减少耕地。在市场经济条件下，农民为追求土地利用效益的最大化，将低效益的耕地转变为园地、林果地、鱼塘、设施农业等其他农用地，丰富和改善了城乡居民的食品需求，提高了农民的收入水平。在多元化农业发展的趋势下，一定程度的调整虽然是必要的、合理的，但是也造成耕地数量的减少，影响了粮食生产。

从 1997 年开始，农业结构调整对耕地数量的影响大致经历了"增量急剧减少—缓慢减少"的过程。农业结构调整中耕地减少的原因有二，一是农民对比较效益的追求。农产品价格的波动使得农民为了获得更大的收益而改变种植结构。1997 ~2003 年，我国粮食价格一直低迷，导致了部分耕地向其他类型使用地转换。从 2003 年底开始，由于粮食供给紧缺以及粮食市场化改革的进行，粮食价格开始上涨，耕地面积减少有所缓和。通过对相关数据分析发现，农业结构调整减少的耕地面积时间序列与农产品价格指数滞后呈负相关关系，相关系数为 -0.63。二是受政策影响大。2003 年以前，中央政府在稳定粮食生产的同时，鼓励发展畜牧业、林业和水产业等，这促进了耕地向林地、园地及鱼塘的转化。从 2004 年起，中央政府高度强调农业结构调整中的耕地保护，农业结构调整中减少耕地面积的局势有所缓和，所占耕地减少的比重持续降低。（数据来源：国土资源部）

3.4.4 灾毁耕地

因水冲、沙压、山崩、泥石流、沟蚀、地震等自然灾害破坏而使耕地不能耕种的土地就是灾毁耕地。我国灾毁耕地主要分布于东北、西北和西南各省区，最多的省区依次为陕西、云南、山东、内蒙古和贵州。从1999年以来，平均每年灾毁耕地为79.48万亩，占耕地减少总量的6%。各省区灾毁耕地面积时序数据变异较大，特别是北京、天津、上海、海南和青海，变异系数均在1.8以上，说明灾毁耕地面积变化并不稳定。四川、贵州变异系数分别为0.43和0.60，均值分别为2.8万亩和4.5万亩，说明这两省每年灾毁耕地均较严重。

灾毁耕地主要与自然因素有关，四川、重庆、云南等地属于地质灾害和水土流失高发区，灾毁耕地面积较大，东北和西北地区受沙漠化威胁较大。根据相关研究资料数据，开荒面积最多的省份往往也是灾毁耕地严重的地区，两者相关系数达到0.75。特别是西部地区，由于生态环境脆弱，虽然开发增地面积较大，但大量垦荒也加速了土地的退化，使耕地受灾害侵袭和破坏的概率增加。（数据来源：国土资源部）

3.5 耕地资源变化动因

耕地资源变化动因主要有自然动因、现实（经济和政策）动因。其中，自然动因包括气候地形、水文和自然灾害等因子；现实（经济和政策）动因包括人口、经济发展、技术进步、社会行为、土地利用者主体行为、土地管理政策、产权制度、价格制度等因子。

上述各类动因因子直接影响着耕地资源的变化。

3.5.1 自然动因

影响耕地资源变化的最基本原因是自然动因，它是决定一个区域耕地数量和质量的先决条件。相对于经济社会等来说，自然因素的稳定性较高，对耕地变化的影响也比较持久。

影响一个区域耕地资源变化的自然因素一般主要包括气候、

地形、水文和自然灾害四个方面。

气候因素对耕地利用具有方向性的决定作用，适宜的气候条件将极大地促进耕地生产力，而恶劣的气候将直接破坏现有耕地，如水土流失、土地龟裂等。在诸多气候因子中，对耕地变化影响较大的主要为气温和降水。

地形是构成土地的重要基础条件，主要通过土壤、风、日照、降水、热量等的重新分配来影响土地的类型及其特征，如海拔、坡度和坡向等地形要素作为耕地本身的自然属性，制约着耕地资源的空间分布和利用方式。

水文是人类利用、改造土地的重要条件，地表水的分布决定了耕地的质量，如灌溉和排水条件对耕地质量具有决定性的作用，地表水的变化也会带动其影响范围内的耕地资源变化，比如耕地利用方式中水、旱地间的相互转变和耕地与其他类型土地的相互转变。

自然灾害的发生，特别是热、水、土等条件的巨变，会引起人类活动和土地利用条件的非正常变化并产生不良后果。表现在农业方面，必然造成作物减产和质量变化，如低温阴雨、台风、寒露风和暴雨。近些年来地球气候发生变化，出现全球性变暖，导致海平面上升，降水时空分布不均，咸潮现象屡有发生，极端天气不时出现。自然灾害直接或间接地影响着耕地开发利用程度和生产力的布局。

3.5.2 现实(经济和政策)动因

除自然条件变化影响耕地资源变动外，耕地利用的变化更多地受到人类经济社会因素的严重影响，如人口增长和分布及区域政策变化，经济结构调整、发展水平和科技进步等，都对耕地资源及其利用结构变化起到巨大的推动作用。耕地是重要的生产资料和物质基础，其数量变化深受国家宏观政策的影响和制约，其对耕地的影响主要是通过法律法规和政策等手段来实现的。

人口因素对耕地利用的影响主要体现在人口数量和分布状况上。理论上,由于人口增加带来的粮食需求压力的增大,一般情况下将会导致更多的土地用于农业生产,耕地数量增加,但是事实上人口增长与耕地数量变化间的趋势却恰恰相反,耕地面积整体上是随着人口的增长而不断下降的。

经济发展对耕地资源变化也有着很大的影响,一方面,经济增长对土地需求总量产生重要影响;另一方面,经济增长又会对耕地资源的可持续利用提供必要的技术和资金支持。

另外,科学技术发展水平和应用程度直接影响着土地利用的深度和广度。在农业生产领域中,技术进步不仅可以对土壤进行改良,改善耕地资源的质量,而且可以提高农业生产的集约化程度,提高粮食单产,缓解人口增长和经济社会发展对耕地的压力。

总之,现实(经济和政策)动因引领着耕地的发展方向。

3.6 农地流转的内涵

农地流转的实质是承包权不变,但经营主体变更。农地经营权流转就是在所有权与承包权分离的基础上,再次使承包权与经营使用权发生分离,在集体所有权不变的情况下,农户保留承包权,转让经营使用权的一种农地使用形式。在流转过程中,经营使用权成为了实际意义上的一种资产,并且具备了商品性质,这有利于完善我国社会主义市场经济体制,对于我国农村来说意义重大。农地经营使用权的流转是在保持集体所有权和保留农户承包权的前提下进行的,它不仅有利于整合农业资源,提高农业效益,壮大农村集体经济实力,增加农民收入,保持农村社会稳定,而且有利于规模经营,能够推动农业现代化发展。

3.6.1 农地流转的依据

3.6.1.1 理论依据

我国实行的是以公有制为主体,多种所有制形式并存的基本经济体制。农地集体所有制就是公有制的一种实现形式。在新中国成立初期土地改革之后的几年中实行的是土地私有,但是农村很快就出现了新的阶级分化,甚至一些农民出卖了土地改革时分得的土地而重新沦为了雇农。我国根据当时的国内、国际条件实施了互助组、初级社、高级社的一系列措施,成功进行了农业的社会主义改造,建立了农地集体所有制,一直延续至今。但是,实行的以村民小组为单位的规模经营,不适应当时的国情,造成了效率低下的“大锅饭”现象。邓小平同志站在战略高度上,科学地、完整地提出了农业“两个飞跃”思想。第一个飞跃,是废除人民公社,在全国绝大部分农村实行家庭联产承包责任制。第二个飞跃,就是发展适度规模经营,与科学种田和生产社会化的需要相适应,不断发展壮大集体经济,这是一个漫长的历史过程。农业适度规模经营,是当前我国农业发展中的一个重要问题,考验着我们实现农业现代化的智慧。

尽管当时邓小平同志提出了适度规模经营问题,可是由于时代和条件的限制,他并没有给我们指出从家庭联产承包责任制到适度规模经营的具体路径。这给我们留下了巨大的创新空间。农地承包经营权流转就是在我国当前条件下,发展农业适度规模经营的一条路径选择。这里的“适度”规模经营内涵深刻,大有深意,它是指土地流转的规模和速度要与我国经济社会发展水平和广大农民心理可以承受的程度相适应。

党的十七届三中全会提出了农地承包经营权流转问题,在不改变农村土地集体所有制性质的前提下,鼓励适当集中,规模经营。农地流转是所有权和承包权分离,承包权与经营权分离。

3.6.1.2 政策依据

党的十七届三中全会对土地流转作出了比较详细的规定，搞好农地确权、登记和颁证工作；完善农地承包经营权权能；依法保障农民对承包土地的占有、使用、收益等权利，不能随意剥夺；加强土地承包经营权流转管理和服务；尽快建立和健全农地流转市场；遵循依法自愿、有偿原则；农地流转方式可以多种多样，允许转包、出租、互换、转让、股份合作等流转形式；适度规模经营要探索多种实现形式。规模经营主体可以是专业大户，也可以是家庭农场，还可以是农民专业合作社，只要条件许可，都可以发展。但是，不得改变农地集体所有制性质和农地用途等。

3.6.1.3 实践依据

家庭联产承包责任制以后，我国农业生产迅速发展。到 20 世纪 90 年代中期，我国的短缺经济已基本结束。随着工业化、城镇化进程的加快，农业经营规模扩大，开始出现农地抛荒和自发流转现象。这促使我们必须尽快建立健全农地流转机制，发展规模经营。无论以何种形式进行农地流转，只要能够提高农业生产力，提高农业效益，就是有生命力的。河南、安徽两省的很多种粮大户就是依靠流转农地而发家致富的，这也确保了当地粮食生产的安全。

3.6.2 农地流转现状

随着经济的快速发展，我国农户家庭人口和经济收入来源构成的变化引发了农地流转的内在需求，土地制度的不断完善与创新，使得农户拥有了农地的使用权和流转权，各级地方政府在政策或行为上对农地流转进行支持或鼓励。由于这些原因的共同作用与影响，我国自 20 世纪 80 年代中后期出现了农户之间自发的农地流转现象。21 世纪初期，为了实现农业生产的规模化、专业化、产业化经营，提高农业生产水平，许多地区进行了大规模的农业产业结构调整，农地流转数量进一步扩大，农地流转规模呈上升趋势，出现了转包、出租、转让、互换和入股等多种流转形式。

有关数据表明，至 2008 年初，全国农地流转总面积已达 370.08 hm^2，占承包经营耕地的 4.57%。经济发达地区农地流转更为活跃，当时浙江农地流转总面积 26.22 万 hm^2，占承包经营耕地的 19.80%。政府还不断出台相关的政策来鼓励农地合理有序地流转。1999 年，国土资源部确定安徽芜湖等地为农地集体建设用地流转试点，"十五"规划还鼓励积极探索农地流转制度，2009 年两会出现对农地流转的很多提案。从最早的延长承包地期限到允许农地在不改变用途的情况下自由流转，这一系列措施和举动都表明了国家从实际出发，放活农地使用权，鼓励农地流转，以提高农地利用率。

目前，我国农地流转呈现以下特征。

3.6.2.1 流转规模较小

目前，我国农地流转总体规模较小，并且地区流转有差异，但是有扩大趋势。以广东、江苏、湖南、安徽 4 省为例，其流转耕地占各自耕地的比例均较低，4 省平均流转比例为 9.1%。但不同省份流转规模又有差异，主要表现为经济发达地区土地流转规模要高于经济落后地区，例如广东省耕地流转比例就比安徽省的高出近 10 个百分点。原因是经济发达地区城镇化、工业化水平较高，二、三产业发展水平较高，农民非农就业渠道相对较多，对农地的依赖程度要低于经济落后地区，其农地流转的积极性和动力较强，农地流转的规模也相对较大。

近年来，一方面，随着我国经济社会的发展，尤其是工业化、城镇化的快速发展，越来越多的农民不再囿于自己的农地，纷纷走出家门，到沿海地区和其他经济发达地区打工，寻找自己的致富门路。随着农村劳务输出规模的不断扩大，农村所留劳动力的严重不足，加速了农村土地的流转。另一方面，随着农业产业结构调整速度的加快以及农村分工、分业的深化，支柱产业的形成和规模经营的拉动,使得部分企业或者大户,发展与农地有关的生产经营项目,兴办企业,兴办示范园区,实行连片种植,发展优势产业或发展规模经营,在一定程度上助推了农地使用权的加速流动。

3.6.2.2 流转方式较少

我国农地流转主要在农户与农户之间进行,流转方式不多,以转包、租赁、互换等简单形式为主。

目前,农地流转虽然有企业与农户、种粮大户与农户、合作经济组织与农户多方参与,但是流转主体仍然是农户,农户与农户之间的流转占70% ~80%。随着工业化、城镇化水平的提高,农户与农户之间流转的比例会逐步下降,以工商企业、农业产业化龙头企业等为流转主体的土地流转比重上升较快,并且会逐渐在农地流转中发挥关键性作用。

我国农地流转的方式主要有以下几种。

1. 转包

转包即承包农户将自己承包土地的全部或部分经营权以一定条件转包给本集体经济组织内部的其他农户,转包收益由双方协商,以实物或现金形式收取,原承包方与发包方的权利和义务关系不变。各地很多农户外出打工或经商时,就把承包地转包给本组的其他农户经营,这是目前我国普遍使用的一种农地流转方式,大约占到流转土地的50%。

2. 租赁

租赁即承包农户将部分或全部农地经营使用权按一定期限租赁给种植大户或其他经济组织进行经营,租赁方一次性或分期付给农户租金。这也是我国各地使用较多的一种农地流转形式,有约30%的流转土地采用了这种流转方式。

3. 互换

互转即流转双方之间为了实现区域种植或规模经营,便于耕种和管理,经双方协商达成协议,对属于同一集体经济组织内部承包土地经营使用权进行互换,将小块土地合并成大块土地。这种形式一般在各地土地流转中占10%以上。

4. 代耕

代耕即甲方将自己承包的农地委托给其他农户、中介组织和合作社等乙方进行耕种管理,甲乙签订协议,由乙方暂时享有农地权益,并承担相应义务。

5. 反租倒包

反租倒包即在尊重农户经营权的前提下,集体经济组织将农地集中起来承包或出租给农业企业、种田大户或其他经营单位,进行规模经营。

从总的情况来看,目前我国农地流转方式较为简单,并以农户与农户之间的转包和租赁为主要的流转形式。

3.6.2.3 流转纠纷增多

由于农民种田效益低、负担重、生产条件差及部分农民外出务工等,农民弃田抛荒现象比较普遍。一些地方村集体为了不让承包地税费落空,不致抛荒田地,采取了一系列措施转包给他人耕种,并由其承担税费。近年来,随着中央1号文件和农村土地承包法的出台,及农业生产效益的提高,外出农民纷纷回乡要求重获农地使用权。但是,由于农民对土地承包经营法律法规的认知度普遍偏低、无农地流转协议、合同不规范以及农地流入方经营管理不善或流入方不按时支付使用费和流出方中途终止合同等原因引起的纠纷在一些地区表现得非常明显。

3.6.2.4 破坏性流转现象突出

尽管农地资源稀缺,并且具有公共物品属性,可是由于缺少劳力,一些农户为了不让农地抛荒,随心所欲地进行流转,但是对流转后因改变农地用途而导致的农地质量下降漠不关心。由于缺乏农地保护和可持续发展意识,致使转出的农地质量存在不同程度的下降,甚至一些土地遭到永久性破坏而无法耕种。

通过以上的论述分析可以看出，我国农地流转市场还处于起步阶段，农地市场还没有真正发挥效应，也不能按照市场机制的原则大规模优化土地资源配置，农业的弱质性及农业投资的低回报率导致了农户缺乏投资积极性。

3.7 农地流转动因

以下从宏观角度对农地流转动因进行分析。

3.7.1 客观动因

3.7.1.1 农业经营规模的扩大

我国实行家庭联产承包责任制后，在最初的十几年里，在生产经营上采取一家一户的小农生产模式，也有一定的好处，农户可以根据自己的意愿进行经营，调动了农民生产积极性，粮食产量提高很快，但是后来粮食产量就出现了徘徊不前甚至减少的局面。这与小农经营的局限性有关。小农生产很难抵御风险，包括自然风险和政策风险，所以小农生产者都是风险厌恶者。在我国农村改革开放前所建设的农田水利设施，随着时间的推移基本上已经被毁坏了，而且每家地块相当零碎，很难利用大型农业机械进行生产。农业规模化经营是新型农业现代化发展的大趋势，通过规模经营可以使用现代大型机械进行耕作，提高劳动效率，降低成本，增加产量。特别是在市场经济环境下，农业生产目的不只是自己消费，更主要的是在市场上出售产品，以满足他人的需求。这样，农产品不仅要看产量，还要看质量。品质优良的农产品才能适应市场经济的要求，才具有竞争力。因此，随着农业经营规模的扩大，必然要求农地从一家一户经营向规模化经营转变，走新型农业现代化发展之路。

3.7.1.2 二、三产业发展与农村剩余劳动力转移

1. 二、三产业发展

地少人多是我国农村的基本现状。在 2007 年,我国农村家庭平均每人有 1.16 亩耕地,而且各地区状况也相差很大,越是人口稠密的地区,农村人均农地越少。例如,黑龙江农村人均耕地 11.18 亩,是上海 0.30 亩的 30 多倍。为了解决农村富余劳力的困境,外出打工就成为许多农民特别是青年农民的首选。农民能够外出打工,和我国二、三产业能够提供一定的就业岗位分不开。改革开放以来,我国二、三产业的增加值提高很快。第二产业从 1989 年的 7 278 亿元增加到 2008 年的 149 003 亿元;第三产业从 5 448.4亿元增加到 131 340 亿元。二、三产业发展在推动整体经济上升新台阶的同时,也给农村劳动力转移提供了广阔的空间。我国二、三产业对农业发展具有重要的促进作用。第二产业可以提供发展新型农业现代化所需的机械,用现代科技装备农业,提高农业的生产效率,解放束缚在农业上的劳动力。而农业发展又为第二产业的发展提供了必要的人力资源。同样,第三产业的发展也是现代经济必不可少的组成部分,发展第三产业有利于提高现代产业市场化水平,又可以增强农业的发展后劲,优化生产结构,促进农业生产社会化和专业化水平的提高,这反过来又促使农业人口向二、三产业转移。

2. 农村剩余劳动力转移

当前我国农村人口仍然占大多数,仍然是一个农业国家。20 世纪 90 年代,我国农村人口占总人口的 70% 以上。大量的人口聚集在农业上,粮食产量并不会因此而相应地增加。在这样的背景下,单独依靠种粮很难使农民收入有较大的提高,一些有一技之长的农民就外出打工,从事个体经营或兴办企业,这种趋势一发而不可止,最终演变成一道独特的千军万马外出打工的风景。2003 年以前,由于没有实行农业税费改革,有些农户的承包地想流转却

不能流转,而且出现了违背土地使用价值规律的现象,把自家的承包地流转给别人耕种,反而还要给受让户一定的补偿,这是当时农村税费负担较重的一个结果。追求效益最大化是农地流转的根本动力。马克思认为人们奋斗所争取的一切,都与他们的利益有关。任何形式的劳动力转移,其主要目的都是追求同一目标,即对利益的再分配。因此,追求利益与否是决定劳动力能否转移的主要因素。由于追求利益是劳动力转移最根本的动力,那么,动力机制的核心就是劳动力对利益的不断追求。通过农村劳动力流动,可以使人力资源逐渐达到优化配置。种田也需要技术,有些农民善于农业经营,而有些农民就不适合在农业上有所作为。随着农民可以自由地在城乡之间选择自己的职业,一些人在非农产业上找到了工作,而另一些没有找到工作的人就仍然从事农业。由于农村劳动力的流动,也使承包地相应地开始流转。这个过程使农地逐渐和种田能手或企业相结合起来,促使农地资源通过流转重新进行配置。

3.7.1.3 城乡统筹的发展

为了解决城乡二元经济结构,我国正在发挥城市对农村的带动与辐射作用,工业对农业的反哺与支持作用,建立以城带乡和以工促农的长效机制,促进城乡协调发展,并努力实现城乡空间一体化、城乡经济一体化、城乡人口一体化、城乡市场一体化、城乡生态环境一体化、城乡制度一体化及城乡社会一体化的目标。为了达到这些目标,改变以前公共财政投入重城市轻农村的现象,实现城乡基础设施和公共服务的均等化,就要改变乡村的居住格局,使农村由自然村落居住向现代社区居住的方向转变。

3.7.2 现实动因

在党的十七届三中全会通过的《中共中央关于推进农村改革发展若干重大问题的决定》中,提出把推进土地承包经营权流转作为今后我国农村的主要工作来抓，表明了中央已把农村承包经营权流转作为推进新一轮农村改革的切入点，并试图通过土地流转来解决当前城乡分治的二元经济社会结构。未来的乡村社会将经历一次史无前例的洗礼，这种洗礼也会促使新型农业现代化的发展，使农业新科技得以推广，促使更多的农村劳动力从农村解放出来，以便为农地流转注入新的活力。为此，2005 年国家出台了《农村土地承包经营权流转管理办法》，以法规的形式对农地流转进行规范。随着工农业产品效益比的不断扩大，农民对农地的经济期望值也在持续降低。这些都为农地流转的实现培植了很好的土壤。

可是，实际情况是，改革开放之初，我国把土地承包经营权分配到户时，全国绝大部分地区仅用短短的几年时间就完成了，然而农地流转却缓慢进行了近 30 年仍然步履维艰，究其原因是我国还没有建立农地流转激励机制和动力机制，致使农地流转动力不足。

农地流转缓慢的具体原因如下：

第一个原因是农地流转与农地征用不同。农地征用能够给基层干部带来一定的好处，而自愿、有偿的农地流转，基层干部几乎无利可图。这样就缺乏了利益驱动因素，基层干部引导不力，服务滞后，工作缺乏主动性，延缓了农地流转。

第二个原因是当前农地流转地租偏低，国家又取消了农业税，提高了粮食直补和农资综合补贴，生产机械得到普遍使用，在一定程度上种地收益增加了，因此农民更愿意选择农闲进城务工和农忙回家耕种的两栖生活方式，农地流转意愿不强，供给动力不足。

第三个原因就是农业效益比较低，投资回收期长，风险较大，一些企业、组织和个人流转大片农地从事农业经营的意愿不强。

3.8 农地流转中存在的问题

近些年来,农村土地流转一直低速缓慢行进,并没有呈现出一些学者所预测的那样将会发生大规模的流转,这与农民的“恋地”情节分不开,也与农地所具有就业和保障的功能存在正相关性。目前,在我国农地流转中仍然存在着不少问题,主要有以下几个方面。

3.8.1 农地流转市场机制不健全

尽管农地流转在规模上有扩大和速度上有加速的趋势,但是流转的市场机制作用没有充分发挥出来,有以下表现。

3.8.1.1 农地流转市场机制不能发挥作用

农地流转市场机制(包括价格供求和竞争机制)没有发挥作用。在土地流转的农户中有不要租金免费给别家耕种的,甚至还有倒贴补偿费用的,这样的流转根本谈不上发挥供求和竞争机制。

3.8.1.2 缺乏农地交易平台

市场是商品交易的场所和纽带,农地市场是农地流转的平台,它可以为供需双方提供市场信息、交易机制和服务,规范农地交易行为,降低农地交易成本。但是,现在绝大多数乡镇没有农地经营权交易场所和专业评估机构。

3.8.1.3 政府管理缺位

很多村委会和乡镇土地与农业管理部门对农村承包地的流转没有管理机构,甚至对此不闻不问,能够真正积极地、负责任地去推动农地流转的组织和基层干部很少。

由此可以看出,当前农村承包地流转中还没有形成市场机制,市场化作用非常有限,还没有在土地流转中发挥应有的作用。

3.8.2 农地流转偏离预设轨道

农地流转是经营使用权的流转,但是在一些地方的流转却偏离了正确的方向。一些基层干部对农地流转放任自流、不管理,认为是农户的个人行为;还有些地方为了追求速度,硬性规定各地方每年要使土地流转达到多少亩。基层干部对农村承包地流转置若罔闻和对承包户流转的干涉都是不正确的。而且,在农村承包地流转中非农化和非粮化问题比较突出。这样的流转其实早已突破法律的许可范围,实质上已经是农地使用性质的变异和对农民权益的一种剥夺。所以说,目前我国农地流转与国家提出的在不改变农地性质的前提下遵循平等协商、自愿、有偿的原则还有一定的距离。

3.8.3 农地流转仍在低层次上发展

衡量农村承包地流转效率不能只站在农户立场上权衡,也不能只从社会效益的视角上权衡,应该把二者结合起来进行权衡。既要考察农民收入提高的程度,也要从成本与效益的角度来比较某地区,甚至全国农业产量是否因农村承包地流转而增加,是否使农业生产成本上升。从一定的角度看,农地就是一种准公共物品,应综合进行衡量。国家推进农地流转的目的,一方面是为了减少农地抛荒,另一方面是通过农地流转来增加农民收入,推动新型农业现代化和产业化的发展。可是,借助于农地流转达到将农地资源进行整合,促进农业现代化这个目标不可能轻易地就会实现。当前农地流转的规模小,主要还是以自发和农户之间的流转居多,通过转包发展现代农业的不太多,其受让方大部分是本村、邻村村民或者亲戚,把农地流转给农业合作社或现代农业公司进行规模化经营的还不多。

农地作为农业最主要的生产要素,只有和现代科技相结合才能发挥最大的作用。如果承包地只是在农户之间进行低层次的流转,而不是走专业化、规模化和产业化的道路,这很难实现农地流转的目的和初衷。

3.8.4 农地保护机制不完善

当前,我国耕地保护制度在减少耕地流失、保持肥力和规范流转上起到了一定的作用,但是这种机制在实践中还存在不少缺陷。我国土地管理模式采取的是中央和地方政府分权管理。中央有国土资源部,地方有各级土地管理局,地方土地管理部门官员都由同级人民政府任命,而不是采取中央垂直管理和异地任职的方式。中央制定土地管理的大政方针,负责全国规划制定、地方用地审批;地方土地管理监督都由本地土地管理部门来实施,而地方管理部门又受本级政府的领导,实际上是向本级政府负责,如果地方政府准备采取欺骗上级方式来不合理地甚至是违法使用土地时,上级土地管理监督部门很少有不被蒙蔽的。这样,地方政府在承包地用途改变上要采取欺骗中央政府的手段时,被发现查处是异常困难的。再者,在农村管理土地的部门既有乡镇土地管理所,又有农业管理部门。2005 年开始实施的《农村土地承包经营权流转管理办法》就是由农业部制定并颁布实施的,这样就容易形成对农地的多头管理,容易形成扯皮和相互推诿的现象,即都管又都不管。在保护农地上,缺乏一套行之有效的激励措施,承包地保护的激励措施关系着承包地保护者的行为能否得到回报。我国现在对地方官员的考评还没有涉及对农地保护的考评,在很多地方,政府发展土地财政,用土地来换取经济增长的现象屡禁不止,责任人一般也不会被追究,而对保护农地经济增长缓慢的政府官员和管理人员不但不奖励还有可能被批评,那么出现这样的政绩评价方式的原因就是农地保护机制的缺失,不能做到奖优罚劣、公正严明,助长了土地经济的发展。

3.8.5　农地流转动力机制不健全

中央政府把农地经营权流转提升到加快农村发展的高度，是基于土地流转是实现农业现代化、增加农民收入和新型农村社区建设的必然要求来认识和考虑的。但是，在改革开放之初，把土地承包经营权分配到户时，只用了几年，全国大部分地区都已完成。而这次农地流转，经历了近30年，依然步履维艰。究其原因是和土地流转动力机制不健全有很大关系的。

3.8.5.1　从农户的角度看

当前农村承包地流转中地租偏低，收入主要是国家对农户的粮食补贴加上流转所得租金。就目前而言，在粮食价格波动较大和食品安全问题不断突出的情况下，一些农户仍然愿意选择自己种田，这样自己吃饭问题就有了保障。由于在平原地区小麦耕种和收割大多数使用机械，一些农民更愿意选择在农闲时进城务工，在农忙时回家耕种的生活方式。这主要是和流转地租不高及收入有限有关。

3.8.5.2　从基层组织的角度看

我国《农村土地承包法》明确规定农村承包经营权流转应该遵循平等协商、自愿、有偿的原则，任何组织和个人都不得强迫或者阻碍农户进行农地承包经营权流转。尽管农地所有权属于集体，但乡（镇）集体或者村集体经济组织及村委会无权对本乡（镇）或村农户是否进行承包经营权流转进行干涉，纯粹的流转不会给基层干部带来什么好处，如果基层干部积极进行牵线搭桥也可能出现出力不讨好现象。这样，对于农地流转，基层干部就缺乏利益驱动因素，很难愿意去插手。如果在流转中出现了纠纷，绝大多数农户都是选择自己私下处理。这显示了基层干部在农地流转中不能发挥应有的作用，同时也反映出乡村干部公信力不强。而承包地征用则不同，如果被征用，基层组织可以从征用费中得到一定好处。由此可以看出，对农地是否流转，乡村基层干部缺乏利益激励机制，因此大多数基层干部不是去积极引导而是袖手旁观。乡村干部给农地流转者进行牵线搭桥的情况也有，主要是集中在一些改革实验区，但是还没有在全国得到普及。

3.8.5.3 从受让方的角度看

由于农业和其他产业相比较存在效益低下、投资回收期长、经营面临的风险更大等因素，一些组织不愿意从事农业的经营。特别是近几年不断出现的干旱、雪灾、冰雹等自然灾害也使一些准备从事农业的组织打消了投资的念头。即使有企业投资农业，也是以农产品经营、加工、销售和养殖的居多，到农村承包土地进行现代农业开发和种植的还不多见。这也是农地流转动力机制不健全的一个表现。

农地流转机制的缺陷直接影响到了土地流转的各个方面。

3.9 农地流转机制运行不畅的原因剖析

3.9.1 农地流转动力不足

目前，我国农地流转动力不足。

首先，农民对农地流转认识不一。随着国家取消农业税以及粮食直补和农资综合补贴的提高，种地收益增加，以农业为主业的农户担心农地流转之后可能缺少生活来源，对自己的生活影响大，不愿把承包地流转出去。由于目前承包地租金不高，以二、三产业为主的农户仍想自己种地，补充家需，或者吃自己种的粮食放心，也不愿意流转承包地。

其次，各级干部对土地流转和规模经营看法也不同。有些干部在农地流转工作中观念上出现偏差，有些过于激进，有些过于保守，这不利于农地流转健康有序进行。不少基层干部还对以农地流转推进适度规模化经营不重视，服务滞后，引导不力，工作缺乏主动性，致使土地流转进展缓慢。

再次，管理不到位。乡镇一级管理部门对农地流转缺乏有效的引导和服务。在西方经济学的帕累托改进中，如果改进没有使自己效益提高，那么人们就会缺少改进的动力。当前，我国农地流转就应和了帕累托改进的思想。在农地流转中，如果流转后在别人利益不减的情况下，自己的利益很少提高，这就使承包地流转缺少动力。

农地流转中动力不足是由多方面原因造成的：

第一是我国农业一直处于弱势地位，对从事农业经营的企业与个人缺乏有效的激励措施。多年来，我国工农业之间的剪刀差，使农业从属于工业，农业投资不够，基础设施欠缺，使农业与工业的比较效益变得很低。现在，一些地方性国有农场或农科所，有的也采取分田到职工，职工不愿意干的，再把土地出租给农户，自己到城市从事二、三产业。这样，国有农业生产经营企业欠缺而民营工商企业又不乐意涉足农业，再加上农村青壮年多数到外面打工，在家种田的多数是老弱病残，缺乏种田能手和种田大户，致使农地流转中缺乏需求。农业属于基础性产业，在效益上处于劣势地位，国家必须加大对农业的补贴力度，对从事农业生产经营，特别是对从事粮食生产规模比较大的企业或种粮大户给予较多的资金、税收和政策上的倾斜，使其从事农业的效益比从事其他行业还要较高一些，只有这样才能吸引他们安下心来从事农业生产。

第二是农民的农地流转获得的收益同自己耕种的收益相比不明显。如果农地流转不能使农民收入增加，就会缺少对农民农地流转的激励。再加上农民特有的“恋地”情结和农地就业机会及社会保障功能，农民是不愿意进行农地流转的。在农村社会保障不健全的情况下，使农民依然存在年轻时在外打工，年老回家种地养老的思想。农民工在城市的不平等待遇，使农民思想上没有城市生活的认同感,认为农村才是自己的真正家园,土地才是自己的根。失去土地或土地流转时间较长,等到年老体弱回到农村就没有地可种,生活上就无保障了。这就使农民缺乏农地流转意愿,从而引发农地流转动力不足问题。

3.9.2 农地流转中市场权能不到位

3.9.2.1 农地所有权主体不清

根据我国《土地管理法》的规定,农村承包地归本村集体经济组织所有,或者是国家所有而由本村集体经济组织使用再承包给农户土地。由此可见,农地流转的供给主体是具有承包经营权的农户,农户具有决定自己的土地是否流转的权利。但是,目前我国在农地经营上还存在着一些问题,致使农地流转不能被尊重。主要表现在以下几个方面。

1."集体"概念模糊导致经营权主体不明晰

我国农地产权主体或其代理人模糊不清,使得土地流转的利益主体被虚化,进而难以适应现代农业市场化的发展要求。例如,"集体"的称谓就不太清楚,在农村工作中容易产生分歧,这也是目前解决"三农"问题的一个重点与难点。村干部与地方政府和农民之间的关系并不像法律上那样明晰,而是常常表现为重重叠叠,矛盾丛生。根据我国《宪法》的规定,农村和城市郊区土地除法律规定属于国家所有外,属于集体所有。这就从根本大法上明确了我国农地的集体所有权。根据我国《土地管理法》的规定,农民集体所有的土地属于村农民集体所有的,由村集体经济组织或者村民委员会经营、管理;已经分别属于村内两个以上农村集体经济组织的农民集体所有的,由村内各该农村集体经济组织或者村民小组经营、管理;已经属于乡(镇)农民集体所有的,由乡(镇)农村集体经济组织经营、管理,这里将"集体"界定为村小组、村和乡(镇)三级。根据我国《民法通则》的规定,集体所有的土地,按照法律属于村民集体所有;已属于乡(镇)的农村集体经济组织所有,可以属乡(镇)农民集体所有,在此划分为村和乡(镇)两级。这样,两个法律对集体内涵界定就不清,层次划分也不一致,导致主体多元化和所有权权属不明确。由于所有权和承包经营权是紧密联系的,这就会促使村民小组、村和乡镇政府从自己利益上对农地经营权进行利己主义的干预。由于在法律中村集体经济组织、村委会、村民集体、村民小组、乡(镇)农民集体和乡(镇)农村集体经济组织等都可以充当农地的所有权主体,对农地到底属于哪个集体,就出现了主体界定模糊的情况。在这样的框架下,乡(镇)村和村民小组在不同程度上都可以是农村集体土地产权所有者的代表,未能明确经济当事人资源占有的排他性,也未能明确有关经济当事人占有资源的边界,这就很难形成对农地资源具有真正负责的所有权主体,从而也就形成了承包经营主体的虚置。在农地产权属于集体的情况下,遇到农地权益受损情况时,很难有真正代表农民利益的组织来行使其职权,原因是所谓的集体是无法发挥产权主体职能的模糊组织。这种不清晰的产权,导致了我国很多地方多次出现农地承包经营权上的"公地悲剧"。

2. 农地经营权得不到充分保障

根据我国《土地管理法》的规定,涉及农用地转为建设用地的,应当办理农用地转用审批手续。这就使农地有可能被政府征用。在征用的补偿上,《土地管理法》还规定,征用耕地的补偿费用包括农地补偿费、安置补助费以及地上附着物和青苗补偿费,土地补偿费和安置补助费总和不得超过土地被征用前3年平均年产值的30倍。这就使农民的承包地被征用时,赔偿费不能太高,而且只是对土地使用权的补偿,没有对农地所有权的补偿。《土地管理法》中明确规定了国家为公共利益的需要,可以依法对集体所有的农地实行征用,国家依法实行国有农地有偿使用制度,但是国家在法律规定的范围内划拨国有土地使用权的除外。这种规定可以使一些地方政府打着公共设施建设或者公共服务的幌子来进行无休止地乱征乱用农地，特别是在城市郊区，随时都有被征用的可能，致使农民承包经营权充满了很多的不确定性。

我国《土地管理法》和《农村土地承包法》对农地承包经营权进行了严格的限制，对其用途、流转、处置进行了严格的管制，这对农地使用用途不变，具有积极的一面。但是，农地所有者的主体（农村集体或经济组织）对农地的占有、使用、经营和处置权力很有限，农地的处置权和支配权实质上被当地政府领导所控制，而且，国家可以根据需要直接把农地转为非农建设用地。当对农地进行征用时，给予的补偿又远远低于农地的市场价格，这也是各地政府纷纷卖地进行土地财政收入的根本原因。这不仅使所谓的集体土地所有者完全失去了土地处置权能，同时也使原属于集体所有的农地收益被剥夺。因此，农地集体所有权权能不能充分体现出来。

3.9.2.2 确权困难

1. 农地经营权登记制度不完善

要确定土地权利归属，就必须进行农地权利登记。农地权利登记是农地登记的重要组成部分，是为了确定农地权利的归属、变更以及农地权利状态等，对农地上权利的确立、变更、转移和消灭所作的记录。它是农地权利变动的基本公示方式，是判断农地流转合法生效的依据。《农村土地承包法》规定，土地承包经营权采取互换、转让方式流转，当事人要求登记的，应当向县级以上地方人民政府申请登记。未经登记，不得对抗善意第三人。《农村土地承包经营权流转管理办法》规定，同一集体经济组织的承包方之间自愿将农地承包经营权进行互换的，当事人可以要求办理农地承包经营权证变更登记手续。根据此规定，以互换和转让方式进行的农地承包经营权的流转是采用当事人的意思表示而确定的，债权合同生效，物权即发生变动，只要双方意思表示一致并达成协议，流转就发生法律效力，登记为任意登记，当事人办理了登记手续的，其法律效力可以对抗第三人，不登记不能对抗第三人，转让或互换的当事人在与第三人发生债务纠纷时，不得以农地承包经营权已经转让或互换为由对第三人进行抗辩。《农村土地承包法》中规定通过招标、拍卖公开协商等方式承包农地，经依法登记取得农地承包经营权证或者林权证等证书的，其农地承包经营权可以采取转让、出租、入股、抵押或者其他方式流转。从这一条可以理解，未经登记的农地承包经营权不可以依法采取转让出租、入股、抵押或者其他方式流转，表现出物权变动模式才具有的特征。

目前，可以认为现行农地承包经营权流转的登记制度有其缺陷：

一是登记公示是物权享有和变动的基本原则。就农地物权法而言，土地登记的基本目的在于确定农地权利归属和保障农地交易完全。现今世界各国，无论英美法系还是大陆法系，均采用登记制。为确保土地承包经营权的归属和流转安全，不管是家庭承包方式还是其他方式取得的农地承包经营权的流转都应采用登记生效主义，对不同方式取得的农地承包经营权采取不同的物权变动模式并不合理。

二是《农村土地承包法》仅规定农地承包经营权的互换、转让可以依当事人要求登记，但对于其他的流转方式如何保障交易安全没有规定，不利于保护交易安全；即使采取互换、转让方式流转农地承包经营权的，也未规定必须登记，而是取决于当事人的要求，交易安全同样没有保障。

三是《农村土地承包法》仅规定向县级以上地方人民政府申请登记，其中没有规定具体的登记部门，由于难以操作而不能落到实处，使大量农地流转得不到登记，导致流转信息的严重失实。

2. 农地经营权物权化不彻底

目前，农地承包经营权具有物权属性是一个不争的事实，学术界也普遍认为该项权利是一种物权。例如，农地承包经营权性质上属于物权，属于物权中的他物权，属于他物权中的用益物权，且是一种新型的用益物权。但是，就目前现状而言，无论是在理论研究上，还是在立法实践上，都未将其彻底物权化，成为农村经济发展的障碍和农民权利无法切实保障的主要原因之一。

根据农地承包经营权存在的法律关系和特点，其债权表现具体有以下几个方面：

一是土地承包经营权的取得有悖于物权法定原则，当法律保持沉默时，权利的物权性质从来都不可能是真实的。从《民法通则》到《土地管理法》再到《农村土地承包法》，都表明农地承包经营权是基于承包合同约定而非法律直接规定产生，承包方自承包合同生效时取得农地承包经营权，把农民享有的承包经营农地的权利付诸承包合同的约定，承包经营权的内容不是由法律作出明确规定，而是由承包方与发包方通过自由意思加以确定，农地承包经营权的这种约定性及不确定性的特性，显然不符合物权法定主义的基本要求。

二是承包人对农地没有独立支配权。《农村土地承包法》和《农村土地承包经营权流转管理办法》中规定承包方有权自主决定农地承包经营权是否流转和流转方式，但同时又规定，采取转让方式流转的农地承包经营权应当经发包方的同意。由此可见，集体组织仍有权决定承包地能否流转，依据联产承包经营合同，发包人对农地承包经营权的标的物（农民承包的农地）仍具有相当大的支配力，承包人在农地承包经营权流转过程中难以独立行使支配权。物权的转让应由物权人自己决定，其转让的效力应如其取得过程那样，经过登记的公示程序后即可产生，只有债务的转让才需经债权人同意，而立法中，在农地承包经营权的流转过程中，发包人对农地经营权的标的物仍有相当的支配力，这也标志着承包人基本上没有独立的支配权力。

3. 对流转方式限制过多

相关法律和管理办法对农地承包经营权的流转施加了过多的限制。例如，《农村土地承包法》中规定承包方要有稳定的非农职业或者有稳定收入来源，经发包方同意，可以将全部或者部分农地承包经营权转让给其他从事农业生产经营的农户，把农地承包经营权转让的受让方限定在有稳定的非农职业或者稳定收入农户。《土地管理法》中规定以转让方式流转的，应当事先向发包方提出转让申请，把发包方同意作为农地承包经营权转让的前提。《农村土地承包法》和《农村土承包经营权流转管理办法》中还规定，农地承包经营权抵押仅限于通过招标拍卖、公开协商等方式承包农地、经依法登记取得农地承包经营权证或者林权证等证书的农地。

法律法规及管理办法对流转方式的过多限制造成了流转障碍，其弊端是显而易见的。首先是过多的限制抑制了农地承包经营权的流转，尤其对耕地的抵押被我国《担保法》所禁止，使农民失去了最有力的融资手段。其次是农民面对法律的限制往往宁愿放弃法律对农民的权利保障，依靠民风民俗私下进行农地承包经营权的流转，造成流转期限短、稳定性差的后果，农民无法实现对农地的长期规模投入和远期效益预期。再次，限制性的流转致使农地规模过小，地块零碎分散的现状未有改变，农地市场无法被激活，农民也就不能从农地交易中获得高回报的收益。

3.9.2.3 承包方与发包方地位不对等

农户对自己承包地权能了解不完全，对拥有哪些权利的理解也存在很大差异。有些农户认为自己所承包的农地就是属于自己的，想怎么样就怎么样，于是个别农户就把自己家的承包地用于非农行业；一些农户不知道对承包地拥有什么样的权利，认为农地是国家或者是集体,自己没有处置权利。由此可以看出,农户在承包经营权上的认识还有待提高,农民的承包经营权利与承包合同有关,而合同订立的过程往往不是建立在当事人双方充分谈判与利益协商的基础上,通常是发包方制定统一合同,承包方签字,被迫接受合同上的约定条款。这种情况从农村承包地合同内容中可以看出,由于法律规定了土地承包合同内容除法定的条款外,还可由合同双方约定各自的权利、义务,这样就为强势的村乡集体经济组织乘机把对自己有利的约定加进去提供了法律上的便利,而处于弱势的农户是没有回旋余地的。这种现象在农村承包地签订合同中是非常普遍的现象,表明了承发包双方在合同订立上是不平等的。

3.9.2.4 农地权益和收益分配不均

农民的命根子是农地,有了农地才有生活保障。自从实行农地家庭联产承包责任制以来,对农地承包的年限有些地方曾采取三五年调整一次的方式,主要是用机动地或者重新把农地进行分配,以满足人口增减的需要。这样不利于农民连续稳定地使用同一块农地,导致农民改良土壤和进行农业投入的动力不足。所以,农业部在 1994 年发出了《关于稳定和完善土地承包关系的意见》,提出了在土地承包期内实行增人不增地、减人不减地的政策;在 1998 年修订的《土地管理法》中又规定了农地承包期 30 年不变的制度,得到了大多数农民的拥护,农民进行农业生产的积极性大大提高,土壤改良和投资的农户明显增多。2008 年,党的十七届三中全会在《中共中央关于推进农村改革发展若干重大问题的决定》中又提出了承包经营权长久不变,这给农民吃下定心丸。但是,也带来了一些新问题,就是无法为农村新增人口提供土地,人口减少的农户承包地仍然可以继续使用。现在存在于农村承包经营权上的不公日益显现,这不利于农村社会的稳定,同时也有悖于农村人口都能分得承包地的权利。由于法律规定了在一定条件下，政府可以对农地实行有偿征用，但是征收的农地等级差别极大，补偿标准不明确，补偿差异极大，明显出现了对一些农民承包权的不公平，甚至等于公开地对农民进行掠夺，没有真正体现农民承包经营权的实际利益价值。

3.9.3 农地流转市场机制运行不畅

农地流转应该采取市场机制来调节，但是我国农地流转市场运行机制不畅。其原因主要如下：

第一，农地流转市场中供求机制没有发挥出来。

第二，农地流转市场中价格机制作用有限。

第三，农地流转中的竞争机制短缺。

3.9.4 农地保护监督制度不健全

我国在2006年建立了国家土地督察制度，由国务院授权国土资源部代表国务院对各省、自治区、直辖市，以及计划单列市人民政府土地利用和管理情况进行监督检查，并向地方派驻9个国家土地督察局。国家土地督察局的主要职责是：监督检查省级以及计划单列市人民政府耕地保护责任目标的落实情况；监督检查省级以及计划单列市人民政府土地执法情况，核查土地利用和管理中的合法性与真实性。监督检查土地管理审批事项以及贯彻中央关于运用土地政策参与宏观调控要求情况。国家土地督察制度建立以来，由于实行异地任职，定期交流，从而起到了一定的效果，但由于督察范围大、人手有限和地方政府与地方督察局信息不对称等方面的原因，并没有完全杜绝土地违规现象的发生，农村承包地流失问题仍然存在，这很可能使地方土地管理部门成为地方政府进行违法违规、欺骗上级的工具，而不是土地的守护者。

虽然我国在县级以上政府成立了国土局，乡政府也有国土站，但是这类机构只负责国土的规划、耕地的保护、用地的审批，而没有土地承包经营权交易的监督职能和管理权限。由于监督功能弱化,权利变动信息不公开,使土地承包经营权主体的利益经常受侵犯,不能为主体提供稳定的收入预期,实际上阻碍了交易组织的进一步发育。因此,农村土地承包经营权流转在既没有权威性法规可遵循,又缺乏相应的市场规则和监督机构保证的情况下运作,容易造成农村土地流转市场混乱,集体土地资产流失及管理失控,并且刺激了农村土地流转中大量不符合市场规律和现行政策的问题的产生。因为利用本级土地管理部门去监督本级政府的用地,实践证明很难。另外,根据发达国家和地区农地保护经验来看,非政府的承包地保护组织是对农地保护进行有效监督的机构,但是这种组织在我国还没出现。只有自己监督自己的承包地保护机制是不完整的,也是效率低下的。

3.9.5 农地流转配套服务不完善

农地流转是一项系统工程,在流转过程中需要相关的配套服务,如流转的中介组织,包括有形和无形的交易场所,土地价格评估中心、法律咨询中心和保险机构等来进行服务。但是,大多数地区农民很少听说过土地交易所,更不用说土地评估中心和法律服务中心了。《农村土地承包经营权流转管理办法》第八条和第三十条都提到了通过中介组织流转承包土地,但当前我国完善的交易中介服务体系尚未建立起来。我国农民文化程度普遍较低,农村相对闭塞,获取信息途径少。从农地流转主体间的关系上看,河南省开封市的农地流转发生在亲属关系间转出与转入的比例分别高达48.8%、38.2%。农民个人对农地流转仅限于小范围之内,而很难有跨地区的规模化流转。农村集体经济组织的社会活动范围也较小,能力也有限,组织大规模的农地流转也有困难。事实上,在不同地区,地区差异造成某些地区耕地紧张,某些地区耕地抛荒。但由于信息无法及时沟通而不能通过土地流转优化土地资源配置。这需要中介机构及时提供信息促进土地流转。

另外，现在农地仍具有社会保障的功能，如果农户把承包地进行流转，特别是完全流转，这就涉及农民的养老保险问题，在目前还不能消除农民的后顾之忧。如果不能完善农民非农就业的社会保障机制，以替代农地的保障功能，就很难避免农民“离乡不离土”的选择。

3.9.6 农地流转收益分配机制缺位

农地流转存在较大的剩余收益空间，现在的农地流转案例基本没有对此作出界定。这主要是收益分配机制缺位造成的。剩余收益分配种类有以下几种。

3.9.6.1 直补金分配

目前，土地直补金分配一般都归土地流出方所有，这个补贴方式很明显有违国家直补金的目的与本意。种粮补贴是各地政府先做好财政预算，提交中央政府，再由中央政府做总的财政预算，政府发给农民或者家庭的补贴，属于政府转移支付的一部分，是以中央政府名义，由地方政府实施发给家庭的，其本意是为了鼓励农民种粮。现在把土地直补金分配当作一种土地承包权的租金，定位不准确。

3.9.6.2 农地流转后，国家直补金增加部分的分配

农村土地流转后，国家直补金增加部分完全是一种合同剩余，对于这份剩余的分配，农地流转双方存在很大的意见分歧。这个问题如不妥善解决，将会影响农村土地流转的进程，甚至造成农村土地流转各方之间的矛盾，影响社会大局稳定。

3.9.6.3 因灾失收造成的合同剩余

以河南为例，河南作为一个自然灾害频繁的省份，农业生产面临很大的不确定性，一旦出现 1998 年那样的自然灾害，受灾地区普遍绝收，如果流入方还要支付土地租金的话，就会大大打击农户

农地流转的积极性。从调查情况来看,有超过半数的农户同意在灾年调整土地租金,但关键问题是没有一个机制来解决这个问题。

3.9.6.4 农地流转后因征用的剩余收益

随着我国经济的快速发展,建设用地的规模越来越大,涉及征用土地的项目越来越多。在土地没有流转之前,土地征用的补偿费用的分配就是一个充满矛盾与纠纷的领域,土地补偿费具体包括哪些项目,其受益究竟农民群众可以获得多少,以及归属于哪一级的集体经济组织,如何监督集体经济组织的管理,如何分配补偿费,等等。处理这些涉及群众切身利益的问题往往很难达到各方满意。在农地流转后被征用,这个问题就更加复杂了。因为征地补偿费用里本身就包含着土地上附着物的补偿,这一块补偿费用的标准怎么确认,以及由于农地流转合同的终止导致土地流入方的损失问题怎么补偿都需要认真地考虑。各方都要求参与收益分配,这个问题将如何解决,目前农地流转案例并没有相关的明确约定,也没有相关法律法规的规定。

3.9.7 农地流转短期行为严重

目前,大多数农地流转是短期的或者是不确定的,流转双方可以随时终止流转交易。根据开封市的一些调查情况来看,农村大多数的土地转包期限为1~5年,转包期限在5年以上的不多。截止到2012年底,开封市农地流转合同期限5年以下的有11 830亩;流转合同期限5~9年的没有;流转合同期限为10~19年的有1 450亩;流转合同期限为20年以上的没有。从农村实际情况来看,农户希望流转的合理年限大多在5~10年,还有部分农户要求的流转期限更长,但是在实际操作中很难避免出现短期行为。

3.9.8 流转双方融资困难

建立农地使用权流转机制是实施规模经营的有效途径,但是规模化经营的一个大的瓶颈就是资金的支持。作为土地流入方，由于前期成本投入大，投资收回期又长，所以龙头企业在完成农地流转后急需资金支持；与此同时，农户也需要资金支持来从事二、三产业的发展。因此，如何建立适应农地流转后规模经营的贷款方式和担保机制等政策是需要认真考虑和解决的实际问题。当前我国的金融机构，主要是已经上市的四大国有商业银行，它们在追求利润最大化的情况下逐渐压缩农村网点。由于农村其他金融机构产品质量差、规模小、提供信贷资源也不足，所以作用非常有限。在资本市场不太发达和农地抵押困难的情况下，流转双方融资的渠道比较单一，成本也是高昂的，远远不能满足土地规模经营与现代农业发展的需要。

3.9.9 农地流转限制多、空间小

3.9.9.1 农地仍然承担着社会保障功能

农地流转性差，与农地资源仍然承担着农村社会保障功能有关。长期以来，我国农民一直游离于社会保障之外，尽管近年中央政府提出农村社会保障全覆盖，但是农地仍然承担着沉重的社会保障功能。显然，在农民眼里，农地仍然是生存的最后保障，农民对土地的依赖性决定了农民是不会轻易放弃土地的，即使已经转移出去的劳动力也会作出这样的选择，即一方面进城务工，另一方面保留土地甚至不惜抛荒。结果，在我国这个农地资源十分紧缺的国家里，就形成了农村农地的闲置和大量的农村剩余劳动力并存的独特的不合理现象。

3.9.9.2 农地权属相对固化

目前，我国农地多以村民小组为边界，流转空间受到限制，无论土地的分配还是流转，都表现出很强的排他性。当农地流转范围局限于某一特定社区时，一般而言，农户大多想在社区范围内寻找流转对象。在这样的特定社区内，农户具有很强的相似性，土地

边际产出率也相似，导致农户的交易对象极为有限。如果扩大交易半径，尽管能增加交易的对象，但随着交易范围和交易半径的扩大，农户的市场知识和交易能力也是个问题，使交易的边际搜寻成本呈现边际递增趋势。由于农地市场信息的不对称，农地交易具有复杂性和不确定性，所以农户实现农地流转的成本就会很高，客观上促成了农地流转向内转行为的实现。

3.9.9.3 农户兼业经营

由于经济的发展，土地价格日益上涨，农民将土地视为一种财产增值的手段，是不会轻易放弃的。随着科技的进步和二、三产业的发展，许多农民成为了兼业农户，利用闲散劳动力和闲散时间从事农业生产，土地经营方式比较粗放。兼业农民对土地福利保障和增值的预期，使他们即使无力耕种也不愿意转让，限制了土地资源按经济运行原则和规律被合理地利用及有效地配置。所以，兼业经营在一定程度上提高了农户对农业收入的经济预期，在客观上阻碍了农地流转的实现。

第4章　河南省开封市农地流转的实证分析

近年来，河南省农地流转有了进一步发展，特别是开封市在农地流转规模经营上已经取得了显著成效。下面对开封市农地流转的做法进行一些分析和探讨。开封是农业大市，农业在经济中的比重较高，农业发展基本以小农经营为主。开封农业在政府的大力支持下，经过农民的辛勤努力，实现了粮食九连增，夏粮十连增。但是在农业发展进程中，小农经营的弊端不断地凸显出来，成为了农业进一步发展的“负能量”。加快土地流转，实现规模经营，发展新型农业现代化已经成为了开封农业发展的趋势。

4.1　开封市农地流转绩效评价

截止到2012年7月，开封市农地流转的基本情况如下：农地流转总面积为33.12万亩，占家庭承包经营的耕地总面积的6.5%。其中，转包17.67万亩，占流转总面积的53.4%；转让1.13万亩，占流转总面积的3.3%；互换0.42万亩，占流转总面积的1.3%；出租7.22万亩，占流转总面积的21.8%；股份合作0.15万亩，占流转总面积的0.5%；其他形式6.53万亩，占流转总面积的19.7%。在流转的去向上，直接转入农户的面积21.11万亩，占开封市流转总面积的63.7%；转入企业的面积4.15万亩，占开封市流转总面积的12.5%；转入农民专业合作社的面积6.29万亩，占开封市流转总面积的19%；转入其他主体的面积1.57万亩，占开封市流转总面积的4.7%。农地流转涉及农户64 014户，占开封市总农户数的6.6%；签订耕地流转合同20 974份，签订流转合同的耕地流转面积9.06万亩，占开封市农地流转总面积的27.4%。

根据2011年下半年的有关统计可知，开封市农地适度规模经营面积是71 975亩，参与农户18 345户。其中，规模经营面积在20~49亩的18 230户；规模经营面积在50~99亩的88户；规模经营面积在100~499亩的19户；规模经营面积在500~999亩的3户；规模经营面积在1 000~2 999亩的5户，3 000亩以上的没有。适度规模的经营种类为种植粮食作物的有22 465亩；种植经济作物的有34 700亩；种植园艺作物的有9 460亩；种植其他作物的有5 350亩。在适度规模经营的土地来源上，通过承包国有农场土地的面积有4 400亩；通过其他方式承包集体经济组织农地的面积有54 295亩；通过参与农地流转形式转入农地的面积有13 280亩：适度规模经营的流转合同期限5年以下的有11 830亩；流转合同期限5~9年的没有；流转合同期限为10~19年的有1 450亩；流转合同期限为20年以上的没有。

当前开封市农地流转有以下主要特点和成效。

4.1.1 流转主体多元化，流转方式多样化

当前就整个河南省来看，土地流转主体仍以农户为主，在流转土地中，转入农户的农地占70%~80%。随着工业化、城镇化水平的提高，农户间流转比例下降，以工商企业、农业产业化龙头企业等为流转主体的土地流转比重上升较快，逐渐在农村土地流转中发挥了关键性作用。开封市经济发展比较滞后，土地流转仍然主要在农户与农户之间进行，也有企业与农户、种粮大户与农户、合作经济组织与农户多方参与的农地流转。目前，开封市农地流转的主要形式是转包和租赁，其他的农地流转形式少有涉足。

从目前河南省总的情况来看，农地流转形式主要以农户间转包、租赁为主，转包、租赁农地面积分别为448万亩和258万亩，占农地流转总面积的80.69%。其中，租赁方式流转承包地面积增加较快，从2002年的14.3万亩增长到当前的258万亩，8年增长了18倍。其他方式在农地流转面积上亦有较快增长，其中入股方式目前在河南省及开封市仍属于探索阶段。

4.1.2 流转规模逐步扩大

近年来，一方面，随着农村劳务输出规模的不断扩大，农村所留劳动力的严重不足，加速了农地的流转；另一方面，随着农业产业结构调整速度的加快以及农村分工、分业的深化，支柱产业的形成和规模经营的拉动，使得部分企业或者大户，发展与土地有关的生产经营项目，兴办企业，兴办示范园区，实行连片种植、发展优势产业或发展规模经营，在一定程度上助推了农地的加速流动。例如，河南省通许县2009年全县连片成方经营面积600亩，2010年新增连片成方农地流转面积2 000亩，2011年7月底新增连片成方农地流转面积达到了3 700亩。从规模经营的形式看，农地流转逐渐趋于多元化，逐步向农业产业化龙头企业、农民专业合作社流入。例如，尉氏县洧川镇宋庄村在稳定承包关系的基础上和农户自愿的条件下，通过转包的方式，将256户村民的623亩毁弃严重的河滩地转包给尉氏县绿野生态农业发展有限公司，以建设大型农业生产基地园区。又如，龙亭区柳园口乡柳园村65户农民将1 170亩土地集中在一起，由开封市天丰面业公司进行为期10年的承包，发展适度规模经营，着手打造千亩小麦标准化生产基地，流转农地的农户可获得“流转租金、分红股金、务工薪金”等稳定收入。再如，兰考县三义寨乡南马庄村生态农产品专业合作社经过深思熟虑，在依法、自愿、有偿的基础上，果断做出将农民手中的土地转包、进行统一管理和耕种的决定。一方面，使外出务工者在获得转包费的前提下安心打工；另一方面，使外出务工者的承包耕地得到有效合理的保护，提升了本村大米的整体质量，实现了“农地增效、农民受益”的双赢效应。目前，其合作社已从 78 户农户手中租种耕地 300 多亩，发展形势良好。由于一家一户的小农经济，规模小、效益低，不利于大型农业机械的作业和新技术的推广应用，所以兰考县仪封乡胡寨村经济发展合作社打算用两年的时间把全村 200 多户的 1 400 亩耕地以入股、租赁的方式集中起来进行高产、高效开发，计划建 100 座蔬菜大棚、40 座规模化养鸡场。目前，已有 20 户农民入股 25 亩耕地建了 10 座蔬菜大棚。同时，合作社吸收现金股 13.5 万元，为合作社的发展注入了新的活力。对于利润分成，合作社采取的是“3∶3∶4”分成，即合作社为 30%、土地入股为 30%、现金入股为 40%。

通许县练城乡后闫台村为了整合农地资源，优化农业种植模式，增强农业效益，由乡政府牵头，村委会积极协调，干部分片包干进村入户，调查了解农户意愿，宣传党的有关方针政策，将 36 户 300 亩耕地集中流转给通许县翠绿黄瓜种植专业合作社承包经营，承包费 700 元/(年·亩)，建立了高效农业示范园区。园区总投资 150 万元，其中：合作社自筹资金 110 万元，社员投资 40 万元，建蔬菜大棚 36 座，主要生产反季节黄瓜、豆角、番茄等蔬菜。合作社申请注册了自己的产品商标“汴南翠”黄瓜，申办了无公害农产品认证和产地认定。在经营过程中，采取统一供种、统一管理、统一植保、统一销售的经营模式。目前，该园区产品销往开封、郑州等大中城市。蔬菜大棚年收益 5 万～6 万元。

通许县城关镇金元村 14 组，30 多户农民，自愿将 200 多亩土地转包给通许县金源蔬菜专业合作社，承包费 800 元/(年·亩)。由合作社统一种植经营。在农业生产季节，合作社将该村及周边村 40～50 岁的劳动力返聘到合作社务工除草、收获产品等生产作业。2010 年，合作社全年支付劳务工资 17 万多元，有效提高了本村及周边农民的收入水平。同时,合作社将自己生产的产品进行深加工,拉长产业链条,增加农业附加值,其产品远销北京、浙江、江苏等省市的大中型企业,全年效益在100万元以上。

开封市顺河区东郊乡焦街村的农民杜国营,承包池塘30亩,养殖甲鱼。每年每亩产甲鱼250 kg(250 kg×100元/kg=25 000元),每年每亩投入饲料5 000元、投入甲鱼苗5 000元、投入其他水及人工等费用按5 000元计算,每年每亩收入约10 000元,30亩的池塘年收入约为30万元。又如顺河区刘寨农机服务专业合作社,属省级示范社,理事长周保国通过承包200亩耕地,进行集中育苗,机械插秧,示范带动了周边的农户,提高了当地的科学种田水平。机械插秧省种子、省秧田、省水肥药,节本省工、高产稳产,每亩能节约各项成本约260元。

通过土地流转实行土地适度规模经营,优化了农业结构,提高了农业效益,增加了农民收入,实现了土地流转规模经营的农户与企业、合作社多赢局面。

4.1.3 政府引导作用日益凸显

2009年以来,在开封市委、市政府的引导和鼓励下,各县(区)利用多种形式,多层次宣传有关土地流转法规、政策及典型案例,调动广大农户对土地流转的积极性。针对当地情况选择建立了土地流转示范点,相继出台了扶持政策,推进土地流转。通过积极协调,争取上级资金,改善农村基础设施条件,为土地流转营造有利环境。目前,开封市各县(区)农业产业结构调整逐步优化升级,农民发展现代农业的愿望增强,农地流转由小规模自发流转向连片成方规模化经营转变,连片成方规模经营面积不断扩大,土地流转速度有加快发展趋势。

4.1.4 农地流转价格相对合理

早期,农户对农地流转价格没有较强的认识能力和谈判能力,随着政府的引导以及其他组织、龙头企业的介入,价格的确定也更加合理。目前,河南省土地流转价格一般都是按照当地种植粮食作物一年两季的平均纯收益计算的,采用实物计价、现金结算的方式,受让方按照先付款后用地的原则,也体现了对农民利益的保护。从流转形式看,一般以出租形式流转的价格较高,农户间转包价格较低,其中口头协议流转的农地价格较低。

4.2 开封市农地流转问题分析

尽管目前开封市土地流转出现了可喜的局面,但是在土地流转中也明显存在着不少不尽如人意的地方。

4.2.1 开封市农地流转的供给机制尚未形成

土地对农民来说,同时具有三大功能:经济功能、保障功能和就业功能。就目前而言,土地的经济功能是目前农民家庭收入来源不可缺少的一部分。土地的保障功能对于农民来讲具有极为特殊的作用。农村社会保障机制的缺失,使农民生存发展始终存在不稳定因素。所以,除非农民能够找到获取更高收入和更稳定的岗位;否则,农民不会轻易出让自己的最低生活保障,这在客观上造成了农村土地流转要素的供给不足。

4.2.2 农地流转的需求动力仍然不足

由于农业投资需要量大,农作物生长周期长,面对的自然风险和市场风险较大,投资收益率较低。一般情况下,面对同样的投资,工业要比农业项目的收益高。所以,即便农民自愿出让农地了,也未必立即就有许多企业和种养大户来接包土地从事农业生产。这在一定程度上造成了农地流转需求不足问题。

4.2.3　农地流转行为不规范,缺乏有效的管理

在开封市现有农地承包经营权流转中大多数都是农户自发流转,并且大部分是亲戚、朋友、邻居范围内流转,规模小,流转土地分散,并且大多数都是口头协议,即使有文字协议,还存在很多不规范的地方,容易发生纠纷。大多数农民包括乡、村干部法律意识淡薄,认为家庭承包地流转是农户自己的权利,乡、镇政府和村委会无需参与,也没必要参与流转合同的签订。在开封市33.12万亩流转农地中,签订书面流转合同的占27.4%。在签订的书面流转合同中,也存在着内容不规范,对发包方、承包方及流转方三方权利义务界定不明确、流转期限短等问题,一旦发生纠纷,调解就缺乏依据。这是产生农村土地承包经营纠纷的根源和隐患。

4.2.4　农地流转价格参照不太科学

开封市一些早期流转或自发流转的农户,很多没有充分考虑国家政策和市场变化等因素,流转价格定得相对比较低,一般每年每亩承包费在300~500元,造成农户利益得不到合理、有效保护。后来在政府推动下,参与农地流转实行连片成方规模经营时,一些农户趁机抬高承包费价格,最高要价每年每亩承包费在1 200~1 500元,甚至更高,造成受让方无法接受。有时候为了保证签订连片成方规模经营协议的成功,受让方对部分高价流转农地采取了默认态度。

4.2.5　政府投入不足,急需建立农地流转管理服务体系

由于开封市农地流转工作部门受人力、经费、编制制约,现有人力、物力严重不足,难以承担农村土地流转管理、市场信息服务

和土地承包经营纠纷调处仲裁工作。目前,开封市大多数乡、镇没有成立相应的农村土地流转服务组织,造成农村土地流转行为不规范,流转信息得不到沟通。

4.2.6 现有农地流转中有改变土地用途现象

个别农户通过转让和互换取得农地承包经营权后为了一己之利,以办养殖场等不同名义,将流转农地进行永久性建设,改变土地农业用途,严重违反国家有关政策规定。受现有人力、物力制约,各级主管部门也无力制止。

4.2.7 农地流转的规模小、期限短、效率低、风险高

农业的规模化经营是进行土地流转的主要目的,也是实现新型现代农业发展的重要途径。尽管当前的土地流转方式已经呈现出了多元化的特点,但是具体调查数据显示,80%以上的土地流转都发生在小规模分散经营的农户之间,他们进行土地流转往往由于种地太辛苦(24%)、家庭劳动力不足(19%)以及长期在外工作(18%)等被动的原因,自发地将土地流转给还未面临相同问题的亲戚、朋友或邻居,形成了目前土地流转规模小、期限短、效率低、风险高的局面。根据开封市通许县的统计,全县60%以上的土地流转期限在3年以下。如朱砂镇、冯庄乡、四所楼镇因2010年大蒜价格上涨因素影响,个别农户在2011年将部分或全部土地流转给大蒜经销商或大蒜种植大户经营,种植一季大蒜,承包价格一般在600~800元/亩,秋季将土地归还给原农户耕种。四所楼岭西村十几户村民将土地流转给一种植大户,春季种植一季早熟大蒜,承包费800元/亩,秋季种植一季优质棉花,承包费700元/亩,全年合计1 500元/亩,承包费一季一结清。农户也可随时

收回土地，流转期限非常短，没有时间保证。

目前，开封市共流转土地总面积33.12万亩，占家庭承包经营的耕地总面积的6.5%，流转率不高，比例小，普遍存在投入多、收益少，甚至无收入问题，土地承包经营权的流转需要承担巨大的风险。总体来讲，开封市土地流转还处于较低的发展阶段。

第 5 章　农地股权化

在稳定农村土地承包经营权的前提下，我国土地使用制度具有多样化特征。这种多样化来自两方面，一方面，农地制度的核心，即地权本身，就具有多面性；另一方面，由于各地的自然经济和社会条件差距甚大，那么建立在其上的自发使用制度创新也不可能是单一的。承包经营制框架下，不同土地使用制度之间的个性化程度差异反映了我国不同地区资源禀赋、经济约束条件以及社会制度背景的现实差异，适合的土地使用制度的建立也必须尊重农民自发的制度创新，才能促进当地经济的健康发展。

所以，除农地转包、租赁、互换、代耕和反租倒包等简单流转形式外，于 2000 年前后沿海一些地方对农地流转模式进行创新，出现了农地经营使用权股权化的流转方式，并逐渐拓展开来。尽管目前仍处于探索和尝试阶段，但是这种新模式表现出了强大的活力，解决了不少农地流转中的根本性问题。

5.1　农地股权化分析

我国农地流转一直存在着流转规模小、层次低和非农化现象严重等问题，流转方式比较简单，真正能够触及农村家庭联产承包责任制深层次问题的流转形式较少。20 世纪 80 年代中期，珠江三角洲地区农地经营权股权化的流转改革试验，是对农地流转的大胆探索和尝试，其后江苏、山东、浙江等沿海经济发达地区的农村也自发地拓展开来。农地股权化一经出现就表现出了强大的活力，解决了不少结构性问题，具有巨大的现实意义和深远的战略意义。

5.1.1 农地股权化的内涵

农地经营权股权化是在坚持农地集体所有的前提下，农民以集体经济组织成员的身份取得农地经营权资格，并按照市场经济的要求，将农地的所有权、经营权和使用权进一步分开，农民不再拥有物权性质的农地经营权，而是享有一定收益的债权性质的权利，成为了集体所有制下农地人格化的主体。农民不再与具体的地块相联系，而是通过农地流转将经营权作为财产权利折算为股权，转让给合作经济组织或第三方，以一种生产要素的方式投入到农业经营中，合作经济组织或第三方对农地实行统一规划、开发和利用，发展适度规模经营。农民拥有的农地股权是一种货币化的股权，通过股权比例进行收益分配和分红，而不再占有农地实物形态，这样就有效克服了集体所有制下成员权力的限制。

5.1.2 农地股权化的优越性

农地股权化解决了集体所有制下农地产权不能流动和成员权益无法得到体现的流转困境，有利于提高农业资源的利用效益。它与传统的流转方式相比具有明显的优越性。

5.1.2.1 进一步明晰了产权关系

农地股权化使农地权益发生了根本性变化，由成员共同共有变为了成员按股权共有。它不仅打破了集体经济产权制度的封闭性和凝固性，进一步确认和巩固了农户对农地的承包经营权，而且明晰了每个成员在集体经济组织中的股权份额，使分配制度发生了根本性变化，形成了由单一的按劳分配变为按劳分配与按股权比例分配相结合的新机制，为农业的集约化经营提供了条件。

5.1.2.2 治理结构发生了根本性变化

农户凭借股权真正成为了农地的拥有者，成为了集体经济的决策主体和受益主体。农地股权化有利于激励多元化的投资主体，可以跨社区、跨所有制进行联合，能够容纳多种农地制度安排，汇聚多种生产要素，最大限度地提高农业资源利用效率，重构和壮大农村集体经济，在一定意义上能够实现农业的第二次飞跃。

5.1.2.3 社会效益更加突出

农地股权化使农业劳动制度发生了变化，由农业生产强制性工作安排变为成员的自主择业，不管是从事农业工作，还是非农就业，都可以凭借拥有的股权参与年度成果分配分红。它打破了原来寻求公平过程中农地按人均分的调整制度，通过减人减股和增人增股的运作方式有效地解决了人口变化带来的农地调整难题，避免了农地多次分散和转移带来的社会稳定隐患，有利于保护农民的合法权利。它不仅使农村社会保障体系发生了变化，由农地支撑的社会保障变成了股权支撑的社会保障，而且兼顾了农地规模经营和保障功能，有利于农村富余劳动力的转移，有利于工业化、城市化和农业现代化的协调发展。

5.2 农地股权化的必要性和可行性

5.2.1 农地股权化是对家庭联产承包责任制的完善和补充

我国实行家庭联产承包责任制是基于解决广大农民温饱问题而实行的农地制度，它确实大大激发了农民的生产积极性，也保证了每个农民享受基本生存权利方面的公平。在达到这些预期目的后，随着我国经济社会的快速发展，家庭联产承包责任制的设计缺陷和不足逐渐显现出来，出现了公平有余而效率不足的重大问题。特别是农地零碎化现象阻塞了其他生产要素的投入，使大型农机设备无法使用，农业科技难以推广，市场信息孤岛化，农地生产效率打了折扣，农地制度创新势在必行。

农地股权化是在家庭联产承包责任制基础上发展起来的农地使用制度，它既没有破坏现行的家庭联产承包责任制，又很好地解决了带有均田性质的家庭承包制存在的所有权、经营权和使用权等结构性矛盾，是对家庭联产承包责任制的完善和补充。它能够同我国现有农地制度进行很好的衔接，有利于各生产要素的合理流动和配置，既能稳定制度预期，提高农业效益，又兼顾了公平问题，体现了农地制度的基本原则和终极目的，顺应了农地制度的发展潮流，为农地制度创新提供了标准和方向。它实施成本较低，只是将农民的实物使用权形态转变为股权形态，是变革阻力较小的科学安排，是当前最具发展前景的农地流转方式。

5.2.2 农地股权化营造了良好的农业发展环境

由于目前我国农地仍然处于高度分散状态，不利于规模化经营，经济效益增长缓慢，再加上农业收入与非农收入的效益比在不断地扩大，致使大批农民进城务工成为了农民工。农民工一般都处于两栖生活中，致使农业生产环境很不稳定。实行农地股权化以后，不仅为从事农业生产的农民提供了社会保障，为农村社会稳定创造了条件，而且也为非农就业农民提供了权益保证和稳定的生活环境，营造了良好的农业发展环境。

5.3 农地流转股权化模式及运作方式

5.3.1 农地股权化模式

目前，我国不少地区相继进行了农地股权化的探索和尝试，形成了不同的模式，比较典型的有以下几种。

5.3.1.1 集中流转模式

1. 委托代理型

委托代理型模式是集体经济组织把农户分散的农地经营权集中起来,委托特定机构具体运作农地流转事宜和股权认定,并将收益返还给集体经济组织,由集体经济组织再将收益按农户的股权比例进行分配的经营方式。这种方式将小农分散经营转变为规模经营,避免了农户独自进行农地流转引起的供需矛盾弊端,降低了农地流转成本。例如,上海市的农地股份合作制、浙江省常山绍兴地区的土地信托制度和江苏省苏南地区的农地股份合作社等整体上都是实行了这种委托代理模式,只是具体的操作过程略有不同而已。

2. 社区型

社区型模式是一定社区范围内的农户,依照股份合作制原则,实行农业生产要素相联合和社区统一管理经营的一种新型股权化制度。它以社区户口来确定配股对象,配股一般都设置基本股、承包权股和劳动贡献股等多种股权,并按不同的系数计算股权比例。广东省、江苏省和北京市等省市的部分地区广泛使用这种模式。例如,1992 年广东省南海市试行土地股份制,在规划完成农田保护区、工业发展区和商业住宅区的基础上,组建股份合作组织,将集体财产按净值作价入股,将农地折价入股。由社区将农地直接出租或整理后再出租,集体和农户凭股权分享收益。

5.3.1.2 企业化模式

企业化模式是将农户分散的农地集中起来进行经营,并逐步纳入企业化轨道的一种方式。它不仅经营灵活,而且提高了农户组织化程度,增强了抵御市场风险和社会保障能力。这种模式的出资对象可以是农民,也可以包括集体经济组织和其他从事农业经营的企业,主要适用于农地被大部分征收的沿海发达地区和传统经济作物区或粮食种植区。特别是沿海发达地区农地日趋减少，农地的保障功能降低，组建股份制企业可以增强农地的保障功能。例如，浙江省宁波地区就主要实行了这种模式，积极拓展集体经济发展空间，为失地农民提供了必要的社会保障。在广大传统经济作物区或粮食种植区，一般来说都缺乏资金和技术，阻碍了经济的进一步发展。实行农地股权化，以农地和其他生产要素入股，可以统筹农业资源，建立起某种区域优势和特色，对当地经济发展比较有利。

5.3.1.3 股份制家庭农场模式

股份制家庭农场模式是将分散的农地进行集中连片流转，农业生产大户或农业经营能人是主要的受让方，以家庭农场为基本经营单位，进行股份合作的经营方式。

它与以上几种模式相比，成本更低，收益也更高。例如湖北武汉鼓励农村有文化、懂技术、会经营的农民投资入股，对分散农地进行连片开发，发展股份制家庭农场，年终按股权比例进行收益分配和配股分红，取得了很好的经济、社会效益。

5.3.2 农地股权化的一般运作方式

不管采取哪一种农地股权化模式，其具体的运作方式是大致相同或相似的。

第一是界定农地产权。根据具体情况选定农地股权化的农地范围，对所要流转的农地承包经营权进行认定和核准，并确认到具体成员。

第二是签订农地股权化协议。农地股权化初始发展阶段的协议条文一般包括农民个人股权不得退股、转让和抵押，也不能够继承以及减人减股、增人增股等条款，以利于经济合作组织的统筹、监管、协调和平衡。但是，在具备条件的地方，可以实行股权固定的办法，减人不减股，增人不增股，股权可以转让和继承。

第三是评估折价，核算股权。由专业评估人员根据当地的实际情况，综合考虑农地生产力、发展潜力、数量和位置等因素，对农民享有经营权的农地进行评估，按资产价值来作价和折股，将农地实物股权化和货币化，并量化到人。

第四是股权配置。按照实际认定和核准的享有人进行股权分配。在需要股权适当调整时，要坚持因地制宜、因时制宜的原则，采取减人减股、增人增股或减人不减股、增人不增股的方式进行有序的股权调整。入股后的农地交由经济组织或第三方进行统一经营。股权持有人可以根据自己的具体情况，决定是否继续进行农地经营。股权收益除确需保留的外，应以年度按股权比例进行分配。

第五是建立管理机制。不管使用何种农地股权化模式，都必须按程序成立监督管理机构，制定规则和章程。合作性经济组织要成立最高权力机构——股权大会及董事会、监事会，董事会对股东大会负责，董事长对董事会负责，监事会对董事长行使监督权。

5.4 新型农地股权化模式——永股制

除以上几种农地股权化模式外，在一些农地特别稀缺的经济发达地区，可以考虑在国家允许的农地承包期限内实行永久性的农地股权化模式，简称为永股制模式。它不仅能够使农地的保障功能得以持续和巩固，对农村社会的稳定具有长远的战略意义，而且可以促进农地盈利功能的充分发挥，对集体经济的发展和促进农民增收具有巨大的现实意义。下面对永股制进行简单的分析和论证。

5.4.1 永股制出现的背景

在我国经济社会快速发展的新时期，当家庭联产承包制的制度绩效得以充分释放后，其设计缺陷和不足逐渐显现出来，出现了公平有余而效率不足的重大问题。制度创新成为了一种内在需求,农地流转应运而生。农地流转的实质是农地所有权与承包权分离后,承包权与经营使用权进行再分离,经营使用权进行流转,目的是优化资源配置,适度规模经营,推动农业现代化发展。这也符合2014年9月30日习近平总书记在中央全面深化改革领导小组第五次会议上发表的“要在坚持农村土地集体所有的前提下,促使承包权和经营权分离,形成所有权、承包权、经营权的三权分置,经营权流转的格局”的讲话精神。20世纪80年代中后期,随着我国工业化、城镇化的发展,农村人口大量转移,在客观上导致了我国一些地区农地的自发流动。20世纪90年代中期,我国农业经营范围进一步扩大,规模经营需求旺盛,全国范围内几乎都出现了活跃的农地转包、租赁、互换、转让、抵押等简单流转方式,并取得了一定成效。2000年前后,沿海一些地区对农地流转方式进行了改革与创新,出现了农地股份合作的流转方式,尽管仍处于探索和尝试阶段,但是已经触及家庭联产承包制的产权等深层次问题,表现出了强大的活力。它打破了集体经济产权制度的封闭性和凝固性,明晰了产权关系,进一步确认和巩固了承包经营权,建立了由单一的按劳分配变为按劳分配与按股分配相结合的新机制,汇聚了多种生产要素,重构和壮大了农村集体经济,对我国农业现代化发展具有巨大的推动作用,是当前最优的农地流转方式。本书所要探讨的农地流转永股制就是蕴含于农地股份化模式中的一种股权设置方式,它与我国农地使用方式渊源较深,并且具有前瞻性。

5.4.2 永股制的实质及必要性

农地永股制的实质是农地承包权的市场化、股份化、货币化。它是在农地特别稀少而非农就业多、社保水平较高的经济发达地区,在坚持农地集体所有的前提下,在国家允许的农地承包期限内实行永久性的农地流转股份化制度。农民以集体经济组织成员的身份取得农地承包经营权资格，并按照市场经济的要求，将农地的承包权和经营权进一步分开，农民不再与具体的地块相联系，不直接拥有农地实物及物权性质的农地承包权，而是通过农地流转将经营权作为财产权利折算为股权，以一种生产要素的方式投入到农业经营中，由合作经济组织对农地实行统一规划、开发和利用，发展适度规模经营。在设计上，将农地的实物形态与价值形态分离，农民转出的权利变为价值形态的股权，并享有物权性质的收益权。农民拥有的农地股份是一种货币化的股权，按股份比例进行收益分配和分红，农民成为了集体所有制下农地人格化的主体，无论将来农地在经济社会发展中出现怎样的变动，农民所获得的农地股权也不会发生根本性变化，将农民的承包经营权用股权的形式长期稳定下来。这样就有效避开了农地产权流转困境，在很大程度上农民的农地产权得到了认可和确认，有利于农民经济权的实现，是对家庭联产承包制的补充。它将农地社会保障变成了权利社会保障，使农地的社会保障功能得以持续和巩固，并使农地盈利功能得到充分发挥；为转移农村富余劳动力开辟了广阔前景，为农业集约化经营提供了条件，有利于工业化、城镇化和农业现代化的协调发展；它能够彰显出巨大的资本效益与社会效应，对我国农村社会的稳定和集体经济的发展具有重大的现实意义和长远的战略意义。

5.4.3 永股制的实施依据

5.4.3.1 政策依据

农地股份合作是股份制和合作制的有机结合，是从我国农村经济水平提升中，在国家多次强调现有土地承包关系要保持稳定并长久不变和鼓励农地流转方式创新等政策引导下逐渐产生的一种合作方式。所以说作为农地股权设置的一种方式——永股制的出现具有一定的客观必然性。

1984年中央1号文件提出“土地承包期15年不变”。1985年中央1号文件《关于进一步活跃农村经济的十项政策》最早对股份式合作进行了初步解释。在1990年2月农业部颁发的《农民股份合作企业暂行规定》中对农民股份合作企业作了明确规定:农民股份合作企业的主体是三户以上劳动农民,按照协议自愿组织起来从事生产经营活动的经济组织,财产具有公有性质,与个人合伙、私营企业有本质的区别,并能够独立承担民事责任。随着农村股份合作制的普及和深入发展,1992年12月24日,农业部颁发了《关于推行和完善乡镇企业股份合作制的通知》,对股份合作制进行了进一步的阐述和界定,指出:股份合作企业是指两个以上劳动者或投资者,按照章程或协议,以资金、实物、技术、土地使用权等作为股份,自愿组织起来,依法从事各种生产经营服务活动,实行民主管理,按劳分配和按股分配相结合,并留有公共积累的企业法人或经济实体。这项通知为我国农村股份合作制度的发展提供了政策上的保障。由于我国农业经济水平的进一步的提升,农地股份合作的产生和发展具备了微观变革条件。1993年中央1号文件提出:第一轮土地承包到期后,土地承包期再延长30年。1997年中央16号文件进一步提出:土地承包期可以更长和适度规模经营。1997年党的十五大报告提出“公有制的实现形式可以而且应该多样化”之后,我国充满了所有制改革的积极氛围,全国各地积极进行制度创新,尽力实践能与市场经济相结合的创新形式,这为农地股份合作制的产生和发展提供了宏观变革条件。1998年,党的十五届三中全会《关于农业和农村工作若干重大问题的决定》进一步指出“要坚定不移地贯彻土地承包期再延长30年的政策,同时要抓紧制定确保农村土地承包关系长期稳定的法律法规,赋予农民长期而有保障的土地使用权”。

随着我国现代农业的发展,国家逐步放宽了对农地流转的条件，在一系列政策上鼓励实行多种流转方式，农地股份合作也得以顺利实施。2005 年，农业部出台了《农村土地承包经营权流转管理办法》，对农地入股作出明确解释，是指实行家庭承包方式的承包方之间为发展农业经济，将农地承包经营权作为股权，自愿联合从事农业合作生产经营，其他承包方式的承包方将农地承包经营权量化为股权，入股组成股份公司或者合作社等，从事农业生产经营。2008 年党的十七届三中全会通过的《中共中央关于推进农村改革发展若干重大问题的决定》中明确强调：以家庭承包经营为基础、统分结合的双层经营体制，是党的农村政策的基石，必须毫不动摇地坚持；赋予农民更加充分而有保障的土地承包经营权，现有土地承包关系要保持稳定并长久不变。并提出了关于农地流转的详细规定和实行包括农地股份合作的多种农地流转形式。农地流转“股份合作”第一次明确出现在中央文件中。以上这些政策为农地流转股权化方针提供了政策导向，同时也为永股制的产生提供了政策上的支持。

5.4.3.2 法律依据

在我国法律框架下，农地流转股权化并实行永股制具有一定的法律依据。《土地管理法》第一次提出土地使用权股权化。2002 年《农村土地承包法》规定“国家依法保护农村土地承包关系的长期稳定”“承包方之间为发展农业经济，可以自愿联合将土地承包经营权入股，从事农业合作生产”，明确肯定了土地承包经营权股份化的合法性。2004 年修改后的《土地管理法》第十四条规定：土地承包经营期限为 30 年。2006 年《农民专业合作社法》规定农民可以成立股份制合作社，土地承包经营权可以作为出资入股，但股权转让的受让人原则上限定在本集体经济组织范围内。2007 年 3 月通过的《物权法》第一百二十六条规定：耕地的承包期为 30 年。……前款规定的承包期届满，由土地承包经营权人按照国家有关规定继续承包。《物权法》规定，土地承包经营权人可以转让、入股、抵押《物权法》或者以其他方式流转。所以大量的实践证明,农地股权化立法对农地制度改革和发展农村经济具有重大意义。这些法律为长期实行农地流转股权化提供了法律保障,在客观上也为永股制提供了法律基础和依据。

5.4.3.3 理论依据

在我国土地制度史上曾经存在一个永佃制,一般认为,它起源于宋,发展于明,流行于清,衰落于民国。永佃制即地主只能收租完粮,无权随意增租夺佃或干预佃农耕作,佃农只要按约交租便可“永保”佃耕业主土地的权利,土地为业佃双方所共有,也就是“一田二主”,并且业佃双方权利均可让渡。随着小农经济的发展,大量集中的土地逐渐被地主所占有,并且两权合一,永佃制即宣告瓦解。这种类似于罗马法和我国近代民法上的永佃权的租佃制度,其实质与今天我们所说的农地股份合作非常相似,这在很大程度上开辟了我国农地股份制度发展演变的先河。

在新的历史时期,我国研究者对农地股份合作进行了很多探讨。郭铁民(2001)、王阵(2005)指出农地股份合作制的主要特征是一种农地产权变革。解安(2005)提出农地股份合作要突破“三权分离”,实现农地实物形态所有权和价值形态所有权的两权分离。陈成(2006)、钱忠好(2006)认为农地股份制使资源配置的经济效率更高,是一种典型的帕累托制度变迁。韦俊虹(2006)、何官燕(2008)认为农地股份合作是在家庭联产承包责任制基础上,合作制和股份制的优化结合,是一种价值形态代替实物形态的制度安排。郭迟等(2007)认为农地股权化要允许股权具有更大的流动性,并建立现代企业制度。季建业(2008)实行农地产权制度创新的效应主要体现于提高农业生产力水平、保障农民权益、促进新农村建设和农村社会治理。沈泽林(2008)提出农地股份合作的意义在于扩大经营规模、优化资源配置、收益长期化和效益多样化。安希伋(1988)、陈星(1989)、姚建华(2006)、郭熠(2009)、谢冬水(2011)、李国娟(2011)、刘玉成(2014)等对农地股份合作研究后,建议把农地集体所有权收归国家,对农民实行“永佃制”。陆学艺(2008)、周天勇(2009)等倡导实行土地国有化,赋予农民长期的使用权。王开明(2006)、张笑寒(2009)等主张完善股权流动机制,去行政化,兼顾公平与效率。黄平南(2004)、周天勇(2009)、冯尚春(2009)、刘立飞(2012)等主张建立现行农地使用权的永久性制度,有条件的地方可以实行长期的股份合作制度。

以上研究者的基本观点都是通过股权化实行农地股份化合作,使农地在不改变其社会化主体的前提下,找到一个长久的人格化主体,即农地流转经济合作组织,在具体的运作中突出效率、兼顾公平,这完全符合马克思主义经典理论,即在纯市场经济条件下,生产资料成为社会化和人格化的双重化统一体,是实现资本利润最大化的必备特征。这种观点为永股制的实施提供了理论支撑。

5.4.3.4 现实依据

20 世纪 80 年代中期,处于改革开放前沿的珠三角地区就已经出现了农地股份制改革。90 年代初,广东南海、宝安等地将这一制度引入到了农地经营中,并迅速显示出了强大的活力。此后不少地区,特别是东南沿海经济发达地区趁二轮农地承包之际,制定政策,大胆尝试农地流转方式创新,重视农地股份合作,并以此为切入点推进新一轮农村改革,取得了不小的成绩,也积累了丰富的实践经验。但是,这时的农地股份合作大多是通过农地非农化后以租金或经营活动来获取分红的,只有极少数是通过农地规模经营来获取收益和分红的。其后,农地股份合作方式迅速发展并向其他地区扩展,湖南、江西、河南、重庆等内陆省市的不少县市也开始引入这一制度形式,取得了很大成效。这些农地股份合作是在保持农地集体所有权和农民承包经营权长期不变的情况下,依照互利自愿的原则,将农地以股份的形式交给经济组织进行统一经营和管理，并按股份收益和分红，使农地实物形态与价值形态分离，明晰了产权，优化了生产要素，实现了规模经营和劳动力转移，体现了效率和公平的结合，但是也不同程度地存在着政企不分、股份设置不合理和经营风险大等问题。

通过多年的实践，现在各地区的农地股份合作实践也逐渐成熟起来。有不少地方政府出台了关于股份化的政策和法规来指导农地股份化发展，其好的经验和方法不断得到大力推广及借鉴。由于我国域情复杂，发展水平各异，制度设计和经营运作不一，探索路径多样，农地流转股权化逐渐出现了委托代理型、社区型、企业型和家庭农场型等形式，涌现出了“南海模式”“上海模式”“常山模式”“苏南模式”“宁波模式”“北京模式”等合作方式，同时为农地流转永股制的发展提供了现实依据。

5.4.4 永股制的运作

5.4.4.1 永股制的条件

实践证明，发达的非农就业和到位的社会保障能够使农地股权化顺利实现。大量的富余劳动力滞留于农业是阻碍农地股权化的一个主要原因。农地流转虽然发生在农村，但流转条件是由城镇创造的，这是一个城乡联动和工农互动的问题。城镇化和工业化的发展，为农村富余劳动力向外转移和向内转化提供了空间与条件。大量的实例表明，农民对农地的收益预期与农地流转意愿呈负相关性。农地流转无法进行，也就谈不上实现股权化了。所以，转移农村富余劳动力和健全农村社保制度促进农地流转成为了建立永股制的前提条件。在具体的运作过程中，首先要尊重农地流转规律。在我国农地制度的历次变迁中，农民都是积极地主动参与，所以在此次农地流转中要尊重农地变动的历史规律和经济规律，尊重农民的生产习性，给予农民自主权和选择权，在坚持农民自愿的原则下循序渐进地引导和推动农地流转。农地流转股权化属于经济行为，其广度和程度都要与经济社会发展水平相适应，与生产力水平相协调，任何阻碍和超越生产力发展水平的农地股权化都是不适宜的，都是会引起不良后果的。因此，要尊重农地流转的经济规律，本着具体问题具体分析的原则稳步推进，既要避免在条件不具备时的盲目冒进，操之过急，也不要在条件成熟的时候犹豫不决，无所作为。其次要完善农村社会保障体系。目前，随着我国农村社会保障体系的发展，有计划地逐步将养老保险、失业保险、新农合和低保制度实行全覆盖，这将进一步弱化农地保障功能，消除农民农地流转的后顾之忧，为农地流转永股制的建立提供条件。

5.4.4.2 依法推进农地流转

在现代国家发展中，任何一项制度措施的实施都必须依靠国家以法律法规的形式进行确认后，才能得以有效地贯彻和执行。因为国家在某个领域或特定区域内对合法使用强制性手段具有垄断性，能在法律和规则秩序方面为行为主体进行制度安排，所以农地股权化也必须依法运行。首先要完善农地产权制度体系，依法界定农地产权边界和主客体范围，逐步弱化农村集体经济组织的基层行政单位性质，给予农民更大的发展权。其次要尽快在《土地管理法》和《农村土地流转承包经营权管理办法》等法律法规的基础上制定《农地流转法》《农地物权法》及《农地征用法》，以法规和条例的方式确权赋能，细化农地产权利益各方责权，做到流转主体明确，权责明晰，利益兼顾，从而使各方博弈行为更趋合理和经济。

5.4.4.3 永股制的具体运作

不管采取哪一种农地股权化模式，其制度设计和运作都具有相似性和可完善性，都遵循农地股权化的规律性，永股制也不例外，但具特色。

第一是确定流转农地，评估核算，设置永久股权。根据具体情况选定农地流转范围，进行认定和核准，并确认到具体成员。但是，要避免农地评估只是参照农业纯收入，简单地将土地经营权作价入股，对农地生产力、设备和技术等因素考虑较少，缺乏科学的评估数据和过程，不能反映出农地的真实价值，相对地降低了农户的股权比例。要专业评估人员根据当地的实际情况，考虑各因素进行综合评估，按照农地流转类别、农地生产力、发展潜力、数量、位置、用途和方式等确定市场价格，使农地物有所值，按资产价值来作价和折股，并量化到人。

第二是股权配置。按照实际认定和核准的享有人进行股权分配。在需要股权适当调整时，要尽力坚持永久性原则，进行股权调整。入股后的农地，交由经济组织进行统一经营。股权持有人可以根据自己的具体情况，决定是否继续进行农地经营。股权收益除确需保留的外，应以年度按股权比例进行分配。

第三是建立管理机构。在实践中，需要建立内部有效的管理机制，在其重大决策中充分尊重农户的民主权利，不能由经济组织负责人说了算，不能视股权为一种单纯的福利分配，甚至置规章制度于不顾，影响了农民参与管理的积极性。在进出机制建设方面，不能沿用农民专业合作社的松散的管理办法允许成员权利自由流动，这将直接影响了经营管理和规模效益，违背了农地股权化的初衷和要求，不符合经济发展规律。所以，必须严格按照《公司法》等法律法规规范经济组织，成立监督管理机构，制定规章制度，明确成员的权利和义务，成立最高权力机构——股权大会及董事会、监事会，董事会对股东大会负责，董事长对董事会负责，监事会对董事长行使监督权，使永股制运作有序进行。

第四是签订永股制协议。农地股权化初始发展阶段的协议条文一般包括农民个人股权不得退股、转让和抵押,也不能够继承以及减人减股、增人增股等条款,以利于经济合作组织的统筹、监管、协调和平衡。但是,在具备条件的地方,可以在国家政策允许的农地承包期限内实行永久性固定股权的办法,减人不减股,增人不增股,股权可以转让和继承。

第 6 章　发达国家农地流转经验

——以法国、日本和以色列为例

6.1　发达国家农地流转情况及经验

尽管法国、日本和以色列的国情不同，法律政策各异，但是普遍存在着人地矛盾和经营分散等小农问题。伴随着现代化的快速发展，小农经济所承载的发展压力越来越大，变得不可持续，进行农地流转、实现规模经营成为了现代农业发展的大势所趋。法国、日本和以色列等发达国家在实现农地流转和现代农业进程中，一些经验值得我国借鉴。

6.1.1　法国

法国小农经济历史悠久，但是土地零碎，农场偏小，阻碍了农业的规模经营。法国政府积极采取多种措施鼓励农地流转，发展现代农业，取得了很好的成效。

6.1.1.1　通过法律手段促进土地流转和规模经营

第二次世界大战后，法国开始用立法的方式促进农地流转，发展现代农业。1960 年 8 月通过农业指导法，1962 年 8 月又通过农业指导法的补充法，通过用益权制度来引导农地流转。根据这些法律，法国政府为转移农村富余劳动力，鼓励青年农民到农外就业，并进行奖励性赔偿和补助；设立“非退休金的补助金”，规定离农者可得到 35 年的预备年金，鼓励年老农民提前退休；给 55 岁以上的农民一次性发放“离农终身补贴”，鼓励到退休年龄的农场主让出土地;促进农业科技的广泛应用,降低农地在农业生产要素中的地位和作用,淡化农民的农地观念,减弱农民对农地的依赖,增强农民对农外的价值取向。

6.1.1.2 制定和完善农地流转配套政策

1. 改革农地继承制度

规定农场继承权只能给配偶或者享有继承权的一个子女,农地不能分割转让,只准整体继承或出让,防止农地继续细碎化。

2. 成立地区性农地整治与乡村建设公司

地区性农地整治与乡村建设公司由国家代表实行监督,不以盈利为目的,享有购买农地的优先权,将低产田或小块分散农地集中连片,整治后低价卖给农民或中型家庭农场。

3. 加强管理

法国设立农地市场管理机构——农地事务所,对农地转让或租契进行审批和管理,并对小块农地拥有优先购买权,整治后卖给擅长经营的农民。规定私有农地必须用于农业,不准弃耕、劣耕或搞建筑,否则国家有权征购及提高农地税或强制其出租。

4. 增加投入

法国政府和国家银行高价购买"无生命力农场"的农地,经过适度集中整治后优先卖给大农场主;建立农地银行,购买农地后订立长期租约再租赁给农民,以刺激投资;对农地集中和农业互助合作给予财政支持和税收优惠。

6.1.1.3 发展家庭农场

实行农地改组政策,鼓励农地入股和联合经营,敦促小农场合并,并为符合条件的农户购买农地提供低息贷款;支持中等农场发展,鼓励建立适度规模的中型家庭农场或农场联合,政府给予农地购买、贷款和税收上的优惠,并赋予其农地优先购买权。重视农村人力资源的开发,建立农技职业培训系统,提高家庭农场成员的素质,使其不但懂耕作,而且有文化、懂科学、会经营。目前,法国家庭农场发展具有以中型农场为主、农场数量减少规模扩大和专业化程度高等特点。

6.1.2 日本

日本属于典型的人多地少国家,实行土地私有的自耕农地制度,小农经营特别明显。随着日本经济的高速发展,就业机会增多,离农人口激增,土地抛荒严重。为此,日本政府采取多种措施推进小农经济向农业规模经济转变。

6.1.2.1 完善农地法律制度,促进农地流转

1952 年,日本政府制定和公布了《农地法》,实现耕者有其田,建立和巩固自耕农制度,从法律上确立了农民所有制的永久地位。为了促进农地流转效率,日本政府出台了一系列法律制度进行规范和调整。1961 年,制定《农业基本法》,放宽了对农地所有权流转的限制,培育"自立经营农户",支持农地向"合意的农业生产单位"集中,以提高农地利用效率和农业国际竞争力。1962 年修改《农地法》,放宽土地面积限制,并设立农业生产法人制度和"农地信托制度"。20 世纪 70 年代后,日本政府加大了鼓励农地使用权流转的力度。1970 年,再次修改《农地法》,废除对农业租佃的限制,取消农户或农业生产法人购买或租地的最高面积限制,放宽了土地流转管制(土地面积、价格及成员资格等),鼓励出租和承租土地,使所有权与使用权分离。

此外,日本政府还在 1975 年修改《农振法》,1980 年制定《增进农用地利用法》,1985 年设置"扩大经营规模资金",为农地流转提供法律支持。2009 年,日本再一次修改农地制度,对于企业租地参与农业经营等行为,实行"原则自由化"和"审核化",取得了很大成效。但是,日本始终没有彻底解决好农地与非农地的价格差异问题和企业涉农问题,客观上限制了农地流转。

6.1.2.2 实施有效的辅助政策

日本政府围绕农地流转展开了系列化的辅助性制度设计。采取“认定农业者”（有能力和效率的农业经营者）制度，以保证农地流转的方向。创设农业人养老金制度，消除农户农地流转的后顾之忧。1990 年以后，日本政府开始注重财政、税收、金融等配套手段的运用，为农地使用权流转创造社会条件，以实现农地流转和规模经营的政策目标。1993 年《农业经营基强化法》制定之后，农地主要向“认定农业者”流动。为兼业农户提供技能培训和农外就业机会，助其脱农。成立非盈利性农地管理公司，对农地流转进行管理和服务，政府为公司和租户提供资金补助。特别是在依靠市场的力量推动农地流动受挫后，日本政府积极培持农业委员会和农业协同组合等中介组织，这些“农地保有合理化法人”在政策和税收等优惠政策的吸引下，为兼业农户提供服务，改善了经营环境，支持了农地流转，为解决小农户分散经营与大生产的矛盾做出了贡献。

6.1.2.3 促进家庭农场发展

日本政府努力促进了小农经济向农场经济的转变，家庭农场呈现出了发展前期农地所有权和使用权结合、土地相对集中及后期农地所有权和使用权分离等特点。

6.1.3 以色列

由于以色列人口密度大，耕地资源和水资源稀缺，所以以色列政府十分重视土地立法问题，为实现农业现代化采取了一系列有效的政策措施，取得了举世瞩目的成就。

6.1.3.1 重视农地法制化建设

基于特殊的国情，以色列历届政府非常重视从政策、财政、信贷等方面采取一系列政策措施来处理农地问题，以使农地问题法制化、规范化（邓启明等，2009）。以色列政府先后制定了有关森林、土地、水井、河溪、规划与建筑等方面的法律法规，把土地和水作为最重要的资源进行严格计划使用。以色列政府把务农拓荒者视为国家稳定和发展的基石，充分尊重农民的主体地位，并把农民视为国家建设的精英和中流砥柱。

6.1.3.2　实行有效稳定的农地制度

以色列实行土地国有制度，国家拥有约 95% 的土地，并将这些土地以极低的价格（仅为收获农产品价值的 0.5%，且经常免收）租赁给公有制合作社（莫沙夫）和集体农庄（基布兹）使用。另外，约 5% 的土地归部分个体农户（莫沙瓦）私有，农户可以根据自身需要进行农产品生产和贸易。基布兹和莫沙夫拥有农地使用权，但不能买卖，可以将土地再转租给组织内的农户来经营。每个农户的农地规模是 4 ~6 hm^2，农户有义务住在自己的农地上，进行耕种，不能任意雇人代耕，也不得无故辍耕或弃耕，否则租赁合同作废，收回农地。农地流转的唯一形式就是租赁，每次租期为 49 年，到期后可以自动续租 49 年。土地也可由下一代继承租种，但每户只能由一个子女获得使用权的继承。这样的流转形式，实质上就是实行“永佃制”的农地制度安排，目的是要将农地所有权始终牢固地掌握在国家手里，以防止被外国人或敌对势力购买，并且能有效控制农地的开发进度，有利于农地的储备，以便政府为人民提供更多的公共物品。尽管单一的“永佃制”维护了国家安全，促进了经济社会发展，可是也在一定程度上限制了农地流转活力，为资本的大量投入设置了障碍，不利于引进外资。另外，为了避免稀缺珍贵的耕地被滥用，以色列政府还规定凡是跟土地有关的所有开发计划（包括兴建住宅）都必须经过国家土地管理局的严格审批。

6.1.3.3 制定农地流转的辅助性政策

1. 建立高度组织化的农业合作与服务体系

制度经济学家诺斯说过,有效的组织是经济增长的关键。所以,以色列主要利用基布兹和莫沙夫等农业合作组织和专业协会来整合各种资源,实行规模经营,发展订单农业,降低成本,提高市场竞争力。

当前,以色列有 270 多个基布兹,人口约占全国总人口的 2.2%。基布兹统一负责和管理组织内的日常事务,包括生产、分配、文卫等事宜,组织成员共同生活、共同劳动,参与决策,按需分配,不得拥有私有财产。以色列现有 450 多个莫沙夫,人口约占全国总人口的 3.1%。莫沙夫向国家租赁土地,再租赁给成员来经营,只在生产经营和市场销售等方面为成员进行服务合作。组织内的水土资源属于国家所有,其他的均为社员私有,社员有独立的经营权力。政府给予基布兹和莫沙夫购买农业设备 40% 的补贴,农业用水价格也低于工业用水价格的 80%。

2. 统筹配置资源

以色列政府始终积极采用经济手段和建立市场机制来保护资源及生态环境。进入 20 世纪 80 年代,以色列先后实施荒山住宅小区计划、沙漠改造计划和区域发展战略规划,在这些计划进程中政府始终坚持资源的统筹配置和开发利用相结合,所以耕地匮乏和人口膨胀的压力不仅没有使以色列耕地面积减少反而还有所增加,由 10 万 hm^2 增加到了 44 万 hm^2。以色列还逐渐放弃了粮食自给政策,转集中力量发展满足国际市场需求的花卉、蔬菜、水果等高附加值农产品,将资源优势和技术优势转化为竞争优势。如今,以色列大力发展资源节约与集约化生产,广泛采用工厂化栽培技术、无土栽培技术和滴灌技术,既节约了土地,也大大提高了产品的质量和产量,使辣椒产量每公顷达到 15 t,番茄 150 t,并在温室中创造出了每公顷 3 个月收获 300 多万枝玫瑰花的现代农业奇迹。

6.2　农地流转特点

纵观以上三个国家的农地流转,可以看出它们具有以下一些共同特点。

6.2.1　政府引导作用突出

政府充分认识到了农地适度流转、规模经营是促进农业现代化发展和提高农业竞争力的重要途径,也是现代经济社会发展的必然要求。所以,各国的指导思想和目的很明确,就是采取多种措施积极支持农地流转和规模经营,实现农业现代化。在农地流转中,不论是法律法规的顶层设计,还是投资、税收和补偿等政策制度的制定,政府都起到了积极而重要的引导作用,弥补了单纯依靠市场力量实现农地合理流动和规模经营的不足。

6.2.2　农地流转法律体系比较健全

各国法律法规都赋予了农户清晰的土地产权边界,在农地流转中都有一套法律制度进行规范,确定农地政策的方向,并根据实际需求做出相应的调整和修改。法国允许农地用益权通过转让、出租、抵押等方式流转,日本主要通过租赁等方式,鼓励协作经营和委托经营等多种经营组织形式来扩大经营规模。

6.2.3　配套机制和政策比较完善

为了使农地顺利流转,各国出台了一系列辅助性制度设计。法国设立基金来减少农业人口,建立土地市场管理机构,成立土地整治与乡村建设公司，高价购买“无生命力农场”，培育良好市场氛围。日本创设农业人养老金制度解除农户后顾之忧，实施充实教育、职业培训介绍、振兴农村工业、扶持中介组织和“认定农业者”等措施，促进了农民农外就业、农地流转方向和流转市场的培育。另外，法国、日本、以色列政府都在财政、税收和信贷等方面给予了农地流转优惠政策支持。

这些世界发达国家都成功实现了农地流转和规模经营，积累了很多经验，取得了较好的效果，为农业现代化发展奠定了坚实的基础。

第7章　新型农业现代化

7.1　世界发达国家农业现代化历程

世界发达国家农业现代化大致经历了五个基本发展阶段。20世纪初，随着第二次工业革命及其带来的科学技术的突飞猛进，西方主要发达国家开始迈出了农业现代化的步伐，到20世纪80年代基本实现了农业现代化。根据发达国家农业现代化的历史轨迹和建设经验，可以将农业现代化进程划分为五个基本阶段，即初始阶段、起步阶段、发展阶段、基本成熟阶段和成熟阶段。这五个阶段前后相继，但阶段之间并没有鲜明的界线，是平稳过渡的。

7.1.1　农业现代化的初始阶段

农业现代化的初始阶段是传统农业向现代农业发展的过渡阶段，开始有较少现代农业要素进入农业系统，如农业生产投入较多、土地产出水平有了较大提高。但农业机械化水平、农业商品率还很低，资金投入水平、农民文化程度、农业科技和农业管理水平尚处于传统农业阶段。

7.1.2　农业现代化的起步阶段

农业现代化的起步阶段即为农业现代化启动阶段，其特点表现为：现代农业生产物质要素投入增长较快；现代要素（如现代农业基础设施、现代农业技术等）对农业发展和农村进步已经有了明显的推进作用；生产目标从物品需求转变为商品需求。在这一阶段，农业现代化的特征开始逐渐显露出来。

7.1.3 农业现代化的发展阶段

农业现代化的发展阶段是农业现代化发展较快的时期，其农业现代化实现程度进一步提高，已经初步具备农业现代化特征。具体表现为现代物质投入水平较高，农业产出水平，特别是农业劳动生产率水平得到了快速增长。但这一时期的农村经济发展与环境等非经济因素还存在不协调问题。

7.1.4 农业现代化的基本成熟阶段

在农业现代化的基本成熟阶段，农业发展的现代化特征十分明显，现代物质投入规模进一步加大，农业生产的现代要素所占比例较高；资金对劳动和土地的替代率已达到了较高水平；现代农业发展已经逐步适应了工业化、商品化和信息化的要求；农业生产组织和农村发展整体水平与商品化、农村工业化和农村现代化已经处于较为协调的发展状态中。

7.1.5 农业现代化的成熟阶段

农业现代化的成熟阶段是农业现代化实现程度最高的发展阶段，其现代农业水平、农村工业化、农村城镇化和农民知识化水平较高，农业生产、农村经济与社会和环境的关系进入了比较协调与可持续发展阶段，已经全面实现了农业现代化。

7.2 中国对农业现代化的艰难探索

西方发达国家对农业现代化的探讨比较早。随着理论研究的不断深入和实践经验的积累，西方学者相继提出了“石油农业”“自然农业”“有机农业”“生态农业”和“持续农业”的概念，并且特别注重强调农业发展的经济效益、社会效益和生态效益的统一，农业现代化的内涵得到了很大程度的丰富和发展。我国学者在 20 世纪五六十年代提出了发展农业现代化问题。随着我国农业现代化的发展，我国对农业现代化的认识维度在不断扩展，现在基本上形成了一致的看法，认为农业现代化就是通过科学技术的渗透、工业部门的介入、现代要素的投入、市场机制的引入和社会化服务体系的建立，用现代工业装备农业，用现代科技改造农业，用现代方法管理农业，用现代知识提高农民素质的过程，同时也是建立高产、高效、优质生产体系的农业可持续发展过程。农业现代化具有动态发展性、整体协调性、区域差异性和世界性、时代性等特点，也具有农业结构现代化、生产科技化、经营产业化、组织社会化和环境可持续化的特征。

实现农业现代化是我国亿万农民的世代期盼，也承载了几代中国人的梦想，并为之进行了积极的、艰辛的探索和实践。新中国成立后，我国经过土地改革，农民真正成为了土地的主人，极大地调动了广大农民的生产积极性，迅速抹平了战争创伤，国家也及时提出了建设农业现代化的战略构想。我国农业现代化建设进程大致经历了以下五个历史时期。

7.2.1 中国农业现代化的准备时期（新中国成立初期至党的八大）

新中国成立后，我国首先进行了农村土地改革，实现了“耕者有其田”，农民真正成为了土地的主人。土地产权的明晰极大地调动了农民生产的积极性，使农业生产迅速得到恢复和发展，这为我国农业现代化的提出奠定了制度基础。在对农业进行社会主义改造的同时，党和国家也及时提出了农业现代化问题。

1954 年 9 月，周恩来总理在全国人大一届会议的政府工作报告中首次提出了建设农业现代化的战略构想，并将农业现代化列为需要实现的四个现代化之一。他说，如果我们不建设起强大的现代化工业、现代化农业、现代化交通运输业和现代化国防，我们就不能摆脱落后和贫困，我们的革命就不能达到目的。1955 年，毛泽东同志在《关于农业合作化问题》一文中提出了必须先有合作化，然后才能使用大机器的观点，为了实现这一构想，提出了两步走的战略步骤，即第一步实现农业集体化，第二步实现农业机械化和电气化。

但是，在这一时期，我们对农业现代化的认识主要定位于集体化 + 机械化的模式上。这一时期的主要特点是用土地的集体所有制取代私有制，通过制度变迁来促进农业的发展。农业社会主义改造的实施有力地促进了农业的发展，改善了农民的生活，迅速消除了两极分化，保持了社会稳定。同时，农业生产手段和生产条件得到了改进或改善。特别是在农村实行了土地集体所有制，这对农业以及国家其他各项事业的发展具有深远的战略意义。

7.2.2 中国农业现代化的初步实践时期（党的八大至党的十一届三中全会）

1956 年 9 月，党的八大对社会主义的基本矛盾作出了正确判断，指出全国人民的主要任务是集中力量发展社会生产力，这为农业现代化的实践探索创造了良好的政治环境和明确的目标取向。1957 年 11 月，在党的八届三中全会上，中央通过了农业发展纲要，随后在农村开展关于农业生产建设的大辩论。同年冬季，兴起农田水利建设高潮，有效地提高了农业抗灾能力，为农业增产、增收打下了重要基础。1958 年 3 月，党中央在成都会议上，专门研究了我国农业机械化问题，最后通过了《中共中央关于农业机械化问题的意见》，对我国的农业机械化建设作了部署。1959 年 9 月，我国成立了农业机械部。随后，在党中央重视下，我国还先后召开了 3 次全国农业机械化会议。在党中央和国务院的重视下，我国农业机械制造业得到了迅速发展。

1961 年 1 月，党的八届九中全会决定对国民经济进行第一次调整，实行“调整、巩固、充实、提高”的八字方针，并且强调了农业的基础作用，提出了以农业为基础，按农轻重为序安排国民经济计划。同时，在总结国际和国内经验的基础上，我国对农业现代化的认识不断得到深化，对农业现代化的基本内涵有了扩展，并概括为机械化、水利化、化学化和电气化。1961 年 3 月 20 日，周恩来同志在中央工作会议上指出，必须从各方面支援农业，有步骤地实现农业的机械化、水利化、化肥化和电气化。为了实现这一发展目标，我们党反复强调了在发展农业的过程中，要不断提高农业的集约化水平，要采用先进的农业生产技术，要对农业进行科学的管理，等等。1962 年，党的八届十中全会明确提出了实现农业现代化的目标，并指出，经过 20 ~25 年的努力，基本上实现中国农业现代化。1964 年，周恩来总理在政府工作报告中进一步强调了农业现代化，提出了今后发展国民经济的主要任务，是要在不太长的历史时期内，把我国建设成为一个具有现代农业、现代工业、现代国防和现代科学技术的社会主义强国，赶超世界先进水平。但是，由于“文化大革命”的影响，这一目标没有得到实现。

这一时期农业现代化被高度重视，并提上议事日程。其主要特点是农业现代化建设以农业机械化建设和水利设施建设为重点，并取得显著效益。在“大跃进”期间，我国动员了大量的群众劳动力，进行水利建设，并掀起农业学大寨运动高潮，大搞农田基本建设，对我国农业现代化建设起到了积极作用。1957 年 3 月，中国农业科学院成立，随后又建立了一批农业科研机构和各级农业技术推广机构，建立起我国农业科学技术研究和推广应用组织系统，这标志着农业科学技术作为重要的现代农业要素被全面引入到中国农业系统之中。

7.2.3 中国农业现代化的全面建设阶段(党的十一届三中全会至党的十四大)

党的十一届三中全会至党的十四大是我国农业现代化建设进入全面发展的新时期。以邓小平为核心的第二代党的领导集体在理论和实践上进一步深化了对农业现代化的认识。邓小平说,农业现代化不单是机械化,还包括了应用和发展科学技术。我国农业问题的根本出路最终要靠生物工程、尖端技术来解决。农业问题最终可能靠科学解决。这表明我们党对农业现代化的内涵的认识,从单一的依靠机械化,发展到更加注重科学技术,尤其是尖端技术。把农业的出路从依靠机械化,提高到依靠科学技术上来。在内涵上增加了农业布局、区域化、专业化、社会化、农工商一体化经营、农畜产品加工以及小城镇建设等内容。为了实现农业现代化这一宏伟目标,在实践中改革了与农业现代化发展不相适应的体制和制度。例如,1985 年提出取消农产品统派购制度,标志着农村经济体制改革深入到农产品和农业生产资料的流通领域,向计划经济时期最基本的经济制度之一的统购统销体制发起了冲击。1987 年在全国试行农村基层村民自治制度,实现了农民自主权由经济到政治的过渡,标志着中国农村经济开始真正步入了市场经济的轨道。1992 年邓小平同志南巡谈话,从根本上破解了农业现代化中的姓资姓社的问题,解除了农地制度创新和产权重组的掣肘。

这一时期的主要特点是农村家庭联产承包责任制全面实行,调动了农民生产的积极性,耕地面积迅速扩大,农副产品迅速增加并逐步进入商品市场,向二、三产业扩展。同时,乡镇企业异军突起,农村经济得到迅速发展,集体经济进一步壮大。尤其是先进的科学技术在农业中广泛运用,产生了极好的效果。各地根据自身特点,建立了农业现代化实验区和示范点,丰富了农业现代化的内容与实践。

7.2.4 中国农业现代化的加速发展时期(党的十四大至十七大)

1992 年,党的十四大提出建立社会主义市场经济体制,这表明中国农业现代化建设进入到一个新的发展阶段。1993 年,家庭承包责任制被正式列入宪法,成为一项国家基本经济制度。同年,中央决定农村耕地的承包期在原有 15 年不变的基础上再延长 30 年不变,在很大程度上解决了农业生产基础设施私人投入长期不足的问题。2002 年,党的十六大报告指出:统筹城乡经济社会发展,建设现代农业,发展农村经济,增加农民收入,是全面建设小康社会的重大任务。党的十六大还要求新时期稳定土地家庭承包经营制度,尊重农户的市场主体地位,推动农村经营体制创新。党的十六届三中全会又提出了深化农村改革,完善农村经济体制的要求。2005 年底,胡锦涛同志明确地提出,我国已经到了可以实行以工促农、以城带乡的发展阶段,加快建设现代农业,不仅必要,而且可能。2006 年 3 月,十届人大四次会议批准了《中华人民共和国国民经济和社会发展第十一个五年规划纲要》,把发展现代农业和建设社会主义新农村作为一个当代的历史使命来完成,并且具体提出了提高农业科技创新和转化能力,改革传统耕作方式,推行农业标准化,发展节约型农业等号召。2007 年 1 月,《中共中央国务院关于积极发展现代农业扎实推进社会主义新农村建设的若干意见》出台,指出发展现代农业是社会主义新农村建设的首要任务,是以科学发展观统领农村工作的必然要求,并提出了实现中国农业现代化的总体思路和措施。

这一时期的主要特点是家庭联产承包责任制彰显了强大的生命力和适应性,各种以家庭承包为基础,适应农业现代化经营要求的农业生产要素的优化组合形式大量涌现,经营体制不断创新,包括农地经营权流转和农村经济的组织化程度都有了进一步的发展,农村经济出现了按照市场经济规则运行的良好态势。

7.2.5 中国特色农业现代化新道路的开辟时期(党的十七大至今)

世界农业现代化发展史表明,在实现农业现代化过程中,发达国家都非常注重立足本国国情,积极探索各具特色的农业发展道路。进入21世纪,我国工业化、信息化、城镇化、市场化、国际化以前所未有的深度和广度得到快速发展,但是由于我国农业基础薄弱,农村经济发展滞后的局面还没有得到彻底改变,复杂的国情和域情促使我国必须坚持走中国特色的农业现代化建设道路,才能真正实现中国农业现代化的伟大构想。因此,胡锦涛同志在党的十七大报告中指出,我国要坚持把发展现代农业、繁荣农村经济作为首要任务,走中国特色农业现代化道路。实现中国特色农业现代化的总体思路和措施是用现代物质条件装备农业,用现代科学技术改造农业,用现代产业体系提升农业,用现代经营形式推进农业,用现代发展理念引领农业,用培育新型农民发展农业,提高农业水利化、机械化和信息化水平,提高土地产出率、资源利用率和农业劳动生产率,提高农业素质、效益和竞争力。总之,中国特色农业现代化道路是农村物的现代化、人的现代化和管理手段的现代化有机结合的实现过程。这标志着我国对农业现代化有了全面深入的认识,理论经验和实践经验已经成熟。

从总体上看,新中国成立60多年来,我国农业现代化建设取得了举世瞩目的成就,农业生产力水平显著提高,农业组织化程度不断增强,农业发展正处于由传统农业向现代农业转换的过程中,无论从农业生产经营方式、农业装备条件、农业管理手段,还是农业发展理论研究和思想导向等方面都有了突破性的进展。但是,与发达国家已经走完的农业现代化之路相比仍有一定的差距,总体上仍然处于农业现代化的发展期,实现农业现代化任重而道远。

7.3 农业现代化的内涵

中国特色的农业现代化道路是在坚持农村基本经营制度的基础上,以现代科技和装备为支撑,以提高农业劳动生产率、资源产出率和商品率为途径,以市场需求为导向,在市场机制和政府调控的综合作用下,建成农工贸紧密衔接、产加销融为一体、多元化的产业形态和多功能的产业体系,以实现保障农产品供给、增加农民收入、促进农村可持续发展为基本目标。

在新的历史时期,我国对农业现代化的内涵有了更为深入的认识和理解,主要集中在以下三个方面:一是科学化、集约化、社会化和商品化;二是现代科技(尤其是生物技术)、现代装备、现代管理,现代农民;三是生态农业或可持续发展农业,这才是真正意义上的农业现代化,以区别于以往农业现代化等同于“石油农业”的倾向。

农业现代化是通过科学技术的渗透、工业部门的介入、现代要素的投入、市场机制的引入和服务体系的建立,用现代工业装备农业、现代科技改造农业、现代管理方法管理农业、健全的社会化服务体系服务农业,使农业在形态上成为具有当今世界先进水平的现代农业。其基本目标是提高农业综合生产力,增加农民收入,缩小工农差别和城乡差别,营造一个良好的生态环境,实现可持续发展。农业现代化具有较高的劳动生产率、资源产出率、商品率和较强的市场竞争力、抗风险能力、可持续发展能力,全链条、全循环、高质量、高效益,是与新型工业化、新型城镇化相协调的新型农业现代化。

以上是我们对农业现代化内涵的一些理解。从大的方面来说,目前我国农业仍然处于传统农业的发展阶段,在农业发展的诸要素中,仍然存在着不适应性。实现农业现代化是我国农业发展的大方向,是新型农村社区建设和建成小康社会的必由之路,同时也是全面推进农业现代化进程,是实现从传统农业向现代农业伟大转变的必然趋势。

当前我国农业发展既面临着以工业化为特征的现代农业发展机遇,又面临着经济全球化、一体化和信息化的发展压力,这就自然而然地出现了要立足于我国国情,建设新型农业现代化问题。它要求我们必须从本国国情出发,吸收发达国家农业现代化的经验和教训,走中国新型农业现代化发展道路。

7.4 农业现代化的特点和特征

7.4.1 农业现代化的特点

7.4.1.1 动态发展性

现代化是个动态发展的过程,农业现代化作为现代化的重要组成部分,其概念和内涵也随着经济发展的水平和技术进步而被赋予了新的内容,因而作为动态历史进程的农业现代化的目标是动态的,只能有阶段目标,而没有终极目标。发达国家和发展中国家因为经济发展水平的差异,所以其农业现代化的阶段性目标和特征都不同,但终极目标大同小异。世界上发达国家基本上是工业化的国家,随着其工业化的实现,农业现代化也得到实现,从发达国家所走过的历程看,一般可将农业现代化划分为准备阶段、起步阶段、初步实现阶段、基本阶段及发达阶段。但每个国家农业现代化的特征各不相同,所以一个国家、地区或民族要推进农业现代化进程,必须明确自身所处的社会发展与农业发展阶段,才能制定出适合自己国情的农业现代化发展规划和农业发展政策。

7.4.1.2 整体协调性

农业现代化的内容丰富多样,主要包括农业生产条件、农业生产技术和农业生产组织管理等方面的高度发展。同时,农业资源配置方式大大优化,与农业发展相关的制度建设也得到发展,大大促进了农业的发展。因此,在推进农业现代化的过程中,“硬件”和“软件”建设必须协调发展,如果忽视“软件”建设,“硬件”建设将无法顺利实施,“硬件”也无法发挥应有的作用。农业产业化、农村工业化与农地制度改革、农业社会化服务体系建设以及市场经济体制建设相配套、相互协调。总的来说,农业现代化是国民经济和社会文化现代化的组成部分,它随着社会经济现代化的进步而发展,必须和农村发展相匹配。

7.4.1.3 区域差异性

因为农业生产具有地域性差异,各国的资源禀赋、气候禀赋、文化禀赋、农业技术积淀和社会制度不同,各个发达国家实现农业现代化的道路都不同,所以农业现代化具有农业向前发展的一致性,但具有发展道路的差异性,所以农业现代化的区域差异性也成为农业现代化很重要的特征。

7.4.1.4 世界性和时代性

现代化的概念是一个国际概念,没有国界。任何国家有权利享受农业现代化的果实。所以,农业现代化具有开放性、历史过程性及与其他产业的关联性。

7.4.2 农业现代化的特征

纵观世界现代农业发展的趋势和我国的社会经济发展实践,农业现代化具备以下特征。

7.4.2.1 生产条件现代化

生产条件现代化就是用现代的物质技术装备农业,改造传统落后的生产方式,在农业中广泛使用机械和电力,实现农业机械化、电气化、园林化、水利化。机械化就是运用先进设备代替人力的手工劳动，在产前、产中、产后各环节中大面积采用机械化作业，从而降低劳动的体力强度，提高劳动效率。电气化是指农业中广泛使用电力从事生产的过程。水利化是指在农业生产中，兴修水利工程和设施，调节和控制农业用水，达到兴水利、除水害，创建高产、稳产农田，增强旱涝保收能力。园林化就是对土地的利用进行全面规划，使山、水、田、林、路得到综合治理，为实现机械化、电气化、水利化、采用现代科学技术以及提高农业生产社会化程度创造条件，并使我国农村的自然面貌、农民生活环境得以改善，从而符合新型农村社区建设要求。

7.4.2.2 生产科技化

生产科技化是指把先进的科学技术广泛应用于农业，从而达到提高产品产量、提升产品质量、降低生产成本、保证食品安全的目的。农业现代化的发展过程实际就是先进科技注入农业的过程，不断完善农业的基础科研、应用科研及推广体系，不断提高科技对农业贡献率的过程。当前农业生产技术科学化包括基因工程、细胞工程、遗传工程和发酵工程等先进科学成就，以及各种现代化技术，如电子技术、原子能技术、遥感技术、激光技术等。这进一步推进了农业的现代化。

7.4.2.3 经营专业化

农业经营专业化是指在农业生产力与生产关系之间，农业生产部门之间，农业生产各环节之间和产前、产中、产后各部门之间等全部经营管理活动中采用先进的管理手段和科学的管理方法。它包括管理思想和方法现代化，管理组织的有序化，职责分明、协调运转，管理工具的现代化，即提高管理效率。实行了科学的专业化管理，将会使农业资源在人类的干预下得到更合理地开发利用，生产资料、资金、劳动力等生产要素得到更优化的配置，从而使农业生产又好又快地发展。

7.4.2.4 组织社会化

生产组织是对经济因子的组合布局进行有效引导,对生产和分工进行协调管理的过程。以社会视角设计实施这种过程,就是生产组织的社会化。它意味着农业活动的各个部门和环节,必须与有关部门和市场主体有机地联系起来,并要随着现代化的不断推进来提高这种依赖程度,以取得扬长避短、优势互补,提高劳动生产率的效果。现代化的生产排斥生产的小而全和封闭经营,鼓励按专业化分工组织生产,要求走开发式经营的道路。生产的专业化、生产组织的合理化、流通范畴的国际化,构成了社会化大生产的三要素,这是实现农业现代化过程中必须追求的发展方向。

7.4.2.5 环境可持续化

在推进农业现代化发展中,不能再走资本主义国家的"先破坏,后治理"的老路。要把可持续发展理念融入到发展过程中。所以,要控制人口数量,提高人口质量,保护自然资源和环境,发展生态农业、绿色农业。

7.5 农业现代化的主要判断标准

7.5.1 农业经济结构现代化

充分利用各地资源禀赋,根据区位、经济、人文等综合优势,发展品牌、特色的农业产业生产区,形成具有经济规模和市场竞争力的农业支柱产业、品牌产品和特色农业产业带。

7.5.2 农业基础设施现代化

发达国家充分利用绿箱政策,对农业基础设施进行投资。特别是发展中国家对农业进行大量的投资,农业基础设施得到明显的改善,并根据本国的国情,建立适合当地实际、设施配套、功能齐全的机电排灌设施和农田水利工程体系。同时,进行绿化、增加植被,防止水土流失,加强农业硬件建设,增强农业的抗灾和减灾能力,形成稳产、高产的农田和自然环境保障体系。

7.5.3 农业生产机械化

用农业机械替代人力、畜力,使农业生产主要环节普遍实现机械化,以提高劳动生产率,把人力解放出来。积极发展环境友好型农业,同时研制生物化肥、农药,使化肥、农药、农膜朝着高效、低毒、低污染的方向发展,满足人们追求健康农产品的需要。

7.5.4 农业科学技术现代化

以农业科研作为提高农业生产效益的后盾,国家对农业进行大量的投资,研究出既能提高农业生产,又能持续发展的新成果,使先进的农业科学技术在生产中得到广泛的应用。

7.5.5 农业经营产业化

提倡农业规模经营,农产品生产、加工、流通诸环节形成有机的产业链。农产品加工依靠龙头企业,采取公司加农户等灵活多样的经营方式,使农业产业产生最大的经济效益,产生规模效益。

7.5.6 农业信息化

主张现代信息技术成为农业宏观调控的重要手段,基本建立起农业地理信息系统、生产统计信息系统、农产品市场信息系统,政府依据全面可靠的信息反馈,运用财政、价格、信贷等杠杆对农业产销进行有效调控。

7.5.7 农民思想现代化

农民是农业生产中最小单元,是农业发展最重要的软件之一,所以农业现代化过程中，农民素质的提高也是现代化最重要的标准之一。农民素质的现代化包括思想观念现代化和科学技术知识现代化，现代农业要求劳动者具有一定的专业知识，具有接受和应用现代农业技术的素质和技能，有较强的现代市场意识和管理才能，能熟练地使用农业先进机械和设备，提高劳动生产率。不仅如此，现代农民还要具备现代化的法律知识和道德修养等。

7.5.8 农业资源环境现代化

在未来农业的发展中，持续发展成为农业发展的主旋律，环境友好型农业成为农业发展的方向，所以在农业现代化进程中，必须用农业科学技术研制生物农业、生物肥料等，最大限度地保护环境，使农业生产向优质、环保、健康的方向发展。

7.6 新型农业现代化的主要体现

7.6.1 国际背景新

现在，中国农业现代化所处的国际环境是在发达国家已经完成现代化而正在向信息化的过程中，是在全球日益重视农业和保护生态环境的情况下，是在可持续发展理念被全球广泛接受的背景下，去实现农业现代化的。

7.6.2 发展路径新

西方发达国家是在高度发达的工业化条件下实现工业现代化的，而中国是在工业并不十分发达的情况下去实现农业现代化，实行“以工补农”“以农促工”的发展战略。

7.6.3 实现目标新

传统的农业现代化都是在破坏生态环境的情况下实现的，走的是先破坏，后治理的路子，而新型农业现代化，具有新的发展理念，走的是人与自然和谐相处的和谐发展新路子。

7.7 新型农业现代化与粮食安全的关系

7.7.1 粮食安全是新型农业现代化的首要任务

我国农业现代化的过程就是对传统农业全面实行技术改造和技术革新，建立合理的农业生产结构和生态系统，并相应改革其管理体制，提高其生产的社会化水平。因此，农业现代化的任务是：充分合理地利用农业自然资源，建立高产稳产的农业技术体系、农业生态系统和农工商综合发展的农村建设结构，不断提高土地生产率和劳动生产率，大幅度地增加农产品的产量和提高商品率，不断增加农业积累，增加农民收入，持续地扩大农业再生产的能力，以满足国民经济发展和人民生活不断增长的需要。也就是说，我国农业现代化的根本任务是满足国民经济发展和人民生活不断增长对粮食与农产品的需要。依据我国的国情，国民经济发展首先要面对的就是解决 13 亿 ~ 16 亿人吃饭的问题，保障粮食安全并提高其能力。不可否认，粮食安全是我国新型农业现代化的首要任务，这是由我国国情和新型农业现代化的根本任务所决定的。

7.7.2 粮食安全水平是新型农业现代化的重要标志

农业劳动生产率的巨大增长是农业现代化的根本标志。农业现代化应该有一个时空概念，其内容和衡量标准是不断更新的。就全球而言，有其共同内容和客观标准；但各个国家或地区，在不同的历史阶段,有各自的内容、目标及其衡量标准。我国农业现代化现阶段的主要内容和目标,作者认同石山先生的观点:面向21世纪,我国农村建设要完成三大任务,一是保证增加粮食和农产品供应,满足全国人民生活和经济建设的需要;二是农村、农民富裕起来,达到中等发达国家人民的生活水平;三是迎接中国人口高峰的来临。也就是说,我国农业现代化现阶段的主要内容和基本目标,是不断提高农业劳动生产率,提高土地生产率,满足我国人口增长与经济发展对粮食和农产品的需求。其核心是保障我国粮食安全,并提高粮食安全水平。在我国,没有国家粮食安全及其水平的提高,就不可能实现农业现代化。因此,粮食安全水平是衡量我国农业现代化的重要标志。

第 8 章　新型农业现代化发展要素的阐释与分析

农业是经济社会发展的基础。粮食安全是一个国家经济社会快速发展的保障,农业综合生产能力约束着粮食安全,农业现代化水平决定着农业综合生产能力。提升农业现代化水平的实质就是要对农业生产要素进行现代化配置。农业生产要素是在农业生产过程中,人们为了获取农产品所必须投入的各种有形和无形要素的总称。它主要包括自然资源、科学技术、资本和制度等要素。发展新型农业现代化,实际上就是在新的条件下,在农业生产活动中,进行生产要素的持续投入和优化。

8.1　自然资源要素

长期以来,国际上一般将农业自然资源分为农地资源、气候资源、水资源和生物资源等。人们普遍认为其中最基本、最重要的是农地资源、气候资源和水资源,我国学者的相关研究也主要集中于此。

8.1.1　农地资源

8.1.1.1　农地资源与农产品

具有稀缺性的农地资源,是农业生产最基本、最重要的因素之一,是最能按照人类生活和生产需求来生产产品的因子。农地是民生之本,是发展之基,是粮食安全的基础,是经济社会发展的基础,是国家安全的保障。人类社会无论怎样高度发展,都改变不了

"土生万物"的俗语。我国农地数量变化与农产品产量呈现出明显的正相关性。这表现为两个方面:一方面是农地数量年变化率对农产品产量年增长率有明显的约束作用,这种约束作用表现为二者整体上的一致性,农地增加的年份也往往是农产品总产量增加的年份;另一方面可能是农地减少了,但农产品产量反而增加了,二者表现出矛盾性,这并不意味着农地资源已经不再是决定农产品产量的重要因子,而是农业科学技术的进步(包括作物品种和土壤改良、复种指数提高、灌溉和施肥技术改进等)消解了农地数量减少所导致的农产品产量减少的必然性。在物质和科学技术水平相对较低或保持相对稳定的情况下,农地数量变化一直对农业生产起着较强的约束作用,但是随着科学技术水平的逐步提高,农地数量的相对减少并不必然导致农产品总量的降低。此时科学技术对农产品总产量起主要作用,农地数量的约束起次要作用,农地作为主要生产资料的地位有所降低。但是从长远发展趋势来看,当科学技术的能量和效率得以释放后,农作物单产增长存在极限,农地数量仍然是稳定农产品产量的重要保障。如果农地处于持续减少状态,仅仅依靠其他生产要素的高投入来增加农产品产量是不可持续的。最佳的选择就是农地数量增加,其他生产要素也增加的时候,农业生产逐渐达到帕累托最优,农产品产量将会进入最大化状态。

8.1.1.2 我国农地资源状况

关于我国农地资源状况,已在第 3 章论述,这里不再赘述。

8.1.2 气候资源

8.1.2.1 近代气候变化

气候是构成地球环境系统的重要因素,适当和稳定的气候是人类在地球环境中产生、生存和发展的必要条件。但是近 200 年以来,全球气候在人类活动的影响下,却发生了一些非自然的和不正常的变化，这些变化可以统称为气候变化。气候变化对人类社会的生存和发展构成了威胁。在《气候变化框架公约》中对气候变化进行了定义，它是指除在类似时期内所观测的气候的自然变异外，由于直接或间接的人类活动改变了地球大气的组成而造成的气候变化。从统计学上来说，气候变化是指气候平均状态和离差（距平）两者中的一个或两者一起出现了统计意义上显著的变化。离差值增大，表明气候变化的幅度增大，气候状态不稳定性增大，气候变化敏感性也增强。

全球变暖指的是在一段时间中，地球的大气和海洋温度上升的现象，主要是指人为因素造成的温度上升。原因很可能是温室气体排放过多。全球气候变暖是一种“自然现象”。由于人们焚烧化石矿物或砍伐森林并将其焚烧而产生了二氧化碳等多种温室气体，这些温室气体对来自太阳辐射的可见光具有高度的透过性，而对地球反射的长波辐射具有高度的吸收性，所以这样也就产生了通常所说的地球“温室效应”，导致全球气候变暖。近100多年来，全球平均气温经历了冷—暖—冷—暖两次波动，总的看来是处于上升趋势。进入20世纪80年代，全球气温上升明显。全球变暖直接导致了全球降水量的重新分配、冰川和冻土消融、海平面上升等严重问题，既危害自然生态系统平衡，又威胁人类的食物供应和居住环境。

目前国际社会所讨论的气候变化问题，主要集中在温室气体的增加所产生的全球气候变暖问题上。尤其是人类社会在生产和生活过程中，大量使用煤、石油和天然气等矿物燃料所排放的二氧化碳气体，导致地球大气中二氧化碳浓度逐渐增高，形成了所谓的地球上空的“二氧化碳罩子”，太阳光可以直接透入，地球上的热量却不能散发出去，以致地球表面温度逐渐上升，产生气候变暖的现象。

20世纪50年代以来，我国气温变化的总趋势同世界气候变化保持一致,是不断变暖的。1956 年最冷,平均气温为 11.67 ℃,1998 年最暖,平均气温为 13.70 ℃,两年相差 2.03 ℃。从季节来看,主要是秋季和冬季变暖明显,春季和夏季气温无明显变化。从地域来看,我国黄河以北地区的内蒙古中东部和北疆地区升高了 1.2 ℃,东北地区升高了 1.0 ℃,青海和拉萨地区升高了 0.9 ℃,华北地区升高了 0.8 ℃,华南和滇南地区则升高了 0.3 ℃。气候变化主要是在夜间,华北和西北地区夜间年平均最低气温已升高了 0.24 ~0.30 ℃,而白天最高气温仅升高 0.08 ℃。东经 100°以东,黄河以南的苏南、浙、闽等沿海地区气温下降了 0.2 ℃,鄂、赣、陕南、晋西南、甘西和新疆东部地区下降了 0.3 ℃,滇北、黔西和川西地区下降了 0.8 ℃。但从 20 世纪 90 年代以来,由于能源结构调整,冷区范围和降温强度正在缩小和减弱。

半个多世纪以来,我国年降水量变化总趋势也是逐渐减少的,在 50 年里减少了 23.3 mm;从季节来看,夏季减少最多,春季次之。由于 20 世纪 50 年代秋季降水最少,所以 20 世纪 70 年代以来,秋季降水量每年增加 0.186 mm,50 年内增加了 9.3 mm;冬季则没有明显变化。全国各地区降水变化与气温变化完全一致,变冷区降水增加,变暖区降水减少,华北和西北地区变化幅度最大,也最明显。

从全球看,极地增温幅度大于热带。在我国,北方增温,南方降温,气候带北移,南北温差减小;南北方向的冬季风(寒潮)和夏季风减弱;中纬度地区降水减少,加上西南季风受青藏高原阻挡,东南季风受南岭—秦岭—阴山及横断山—雪峰山—武陵山—巫山—太行山—大兴安岭的阻挡,西北气流受天山—阿尔泰山的阻挡,使藏东南、华南、华东和东北沿海地区多雨,而西北地区受下沉气流影响,少雨干旱,造成南涝北旱情况加剧。

8.1.2.2 气候变化的影响

人类活动向大气中排放的温室气体可能是全球气候变暖的主

要原因，其中 CO_2 是主要的温室气体之一，其增温贡献率占到全部温室气体的一半以上。大气中 CO_2 浓度的增加，使绝大部分作物的 CO_2 交换速率、生物量和产量增加，而气孔导度、蒸腾却相对降低，所以其直接效应是有利于作物光合作用率提高，对作物有增产作用。CO_2 浓度的增高，导致植物的光合作用增强，还会使作物根系吸收更多的矿物元素，有助于提高作物产品的矿物元素含量。气候变化后，植株代谢过程中含碳量增加，含氮量相对减低，使蛋白质降低，粮食品质有所降低，经济系数也可能下降，在很大程度上威胁了粮食生产。联合国政府间气候变化专门委员会（IPCC）第四次评估报告认为全球气候呈变暖趋势。全球气候的变暖是粮食减产的最大杀手，特别是在目前生态环境遭受一定程度的破坏下，气候资源综合影响着粮食作物的生长、发育、产量及产品质量，对粮食生产具有举足轻重的作用，其影响将会越来越引人注目。

全球气候持续变暖，将给粮食生产带来毁灭性的打击，造成一些不可预测的损失。这些年我国粮食继续保持增产，确实不容易，遇到了不少的困难。根据联合国粮农组织研究报告，农业生产在今后的 20～50 年中将受到气候变化的严重冲击，进而将持续严重影响全球的粮食安全。有关研究表明，20 世纪 90 年代全球极端气象灾害比 20 世纪 50 年代高出 5 倍以上，未来全球极端气象灾害可能出现多发、频发和重发趋势，包括农业生产在内的全球可持续发展将面临巨大威胁。自 19 世纪初叶以来，地球平均气温已上升了 0.7 ℃，温度的持续升高将会减少热带和亚热带主要粮食产区的产量。联合国政府间气候变化专门委员会发布的全球气候变化报告指出，在低纬度地区，气温仅升高 1～2 ℃，农作物产量就可能减少。在中高纬度地区，如果气温升高不超过 3 ℃，且具备足够的水源，农作物产量可能有所增加，但是，一旦升温超过 3 ℃，农业可能减产。现在我们看到的日益严重的缺水与干旱是气候变暖的直接产物，它对农业产生的抑制作用已经超出了一般人的想象。

有学者经过相关研究认为，由于全球气温的升高，地表水分加速向空中蒸发，即使降水量有所增加，多数地区也会形成干旱。目前世界上由于旱灾使粮食损失占到了气象灾害损失总量的60%左右，干旱对全球粮食生产的影响已经成为了人类不可回避的重大问题。令人担忧的是，气候变暖对未来农业与粮食生产的破坏还可能逐渐增加。联合国粮农组织研究报告指出，如果不对气候变暖采取任何措施，到21世纪后半期，全球主要农作物如小麦、水稻和玉米的产量可下降36%。气候对农业影响是很大的，全球气候变暖，必然会直接影响或终止农业的生产进程，使得一些粮食作物受灾减产或绝收。在2005年和2006年，世界上的主要产粮国家，如澳大利亚、加拿大、乌克兰等国接连遭遇了干旱，造成世界粮食产量大幅下降，粮食市场供求不足；2010年，俄罗斯受灾最严重，遭受“130年来最严重的干旱”，受灾面积达1 000万hm^2，粮食总产量下降，这一年俄罗斯粮食总产量为6 260万t，同比下降了37.3%。2011年俄罗斯粮食总产量为9 420万t，到2012年下降到了7 100万t；另一主要粮食出口国澳大利亚因受气候变化影响，百万亩大麦、小麦绝收。其他的产粮国家，如哈萨克斯坦、乌克兰等也不同程度地遇到了旱灾，粮食减产严重。污染是全球气候变暖衍生的又一大威胁粮食生产的因素。联合国粮农组织研究报告指出，由于大量工业及汽车废气的排放，在北半球地区，地表臭氧不断增多，正在威胁农作物生产，可能给农民带来数十亿美元的损失，特别是对于在大城市周边的农林地区来说，地表臭氧的增加对抑制农作物生长的危害性也正在逐渐放大，粮食产量受到严重的影响。（数据来源：商务部网站，2012年10月31日）

近年来中国季风气候特征更加显著，这主要是全球气候变暖造成的，气候要素变率大，旱、涝、低温等气象灾害更加频繁，影响了我国大部分地区的农业发展。最近几年我国遭受旱灾严重，以前只有西北地区出现干旱，但现在全国大部分地区都面临着干旱的威胁,2010 年出现了西南五省严重的旱灾,2011 年初华北大部分地区也不同程度地出现干旱现象。除旱灾外,由于气候变暖,我国的青藏高原和新疆等地的冰川很难存在下去,冰川融化的加快将引起当地湖泊的湖面上升,这就打破了这些地区农业灌溉的平衡系统,对农业生产极为不利。所以,这种气候灾害直接导致了我国粮食的减产。例如 2008 年,因低温冷冻灾害和雪灾共造成农作物受灾面积近 1 500 万 hm^2,直接经济损失 1 590 多亿元。

我国粮食生产深受灾害天气的影响。2010 年上半年,灾情最严重时受旱面积达7 500多万亩,绝收 2 100 多万亩,大旱导致局部地区粮食供给偏紧,出现粮食短缺。旱灾较重的广西、贵州、云南三省(区)粮食总产量为 4 048 万 t,比 2009 年减产 160 万 t,下降 3.8%。云南省有 823 万人缺粮,其中有 500 多万人的生活主要靠领取救济粮;贵州省因旱灾有 310 多万人需要口粮救济;西南其他各省份也出现不同程度的粮食短缺。从低温影响看,一方面造成冬小麦返青推迟 5 ~ 7 天,另一方面造成东北春播推迟 7 ~ 10 天。下半年,南方地区受洪灾影响,主产区早稻单产下降。当时双季晚稻栽插期较常年推迟,苗情偏弱,生育期延后,增加了后期遭遇“寒露风”的风险。在东北地区,洪涝灾害造成局部低洼地区农作物受损。总的来说,当年我国出现了干旱和暴雨的双重影响,并且具有等级高、分布广和受灾重等特点。由此可以看出,气候对我国粮食生产的影响非常之大。

气候的变化还直接导致了自然灾害发生的频率大增。它能使土壤微生物活性提高,加快土壤有机质和氮的流失,使土壤退化、侵蚀、盐渍化加速发展,降低了农业生态系统抵御自然灾害的能力,粮食生产的可持续性受到严重威胁,在一定时期和区域内带来了严重的粮食短缺问题。

我国是世界上自然灾害最严重的少数国家之一。受气候变化的影响,我国农业灾害多发、重发。尤其是部分地区频繁发生的地震、暴雨、山洪和泥石流，严重影响着当地的粮食生产。

20 世纪 90 年代以前，我国年平均受灾面积大约为 3 974 万 hm^2，约占全国平均播种总面积 14 896 万 hm^2 的 26.7%，其中水灾平均受灾面积为 964 万 hm^2，旱灾平均受灾面积为 2 259 万 hm^2，水旱灾受灾面积合计占受灾面积的 81.1%。但是自 90 年代后，自然灾害造成的经济损失呈明显上升趋势，已经成为影响经济发展和社会安定的重要因素，也直接影响到中国农业的可持续发展。例如内蒙古草原区，沙尘暴现象日益明显和严重，经常埋没农田、草原，使农田生产力和草原载畜力下降，给农畜牧业带来严重损害；东北地区干旱的现象已经使不少地方出现了土壤盐渍化和荒漠化现象，降低了农业生产质量；西南地区水土流失严重导致当地土壤质量下降，土壤肥力损失较大，粮食减产严重。例如四川省坡耕地因为水土流失每年减少粮食产量 490 万 t，严重影响当地农业经济的发展。

自然灾害对农业的危害表现在三个方面：一是直接的灾害，尤其是旱涝；二是病虫害对农业生产的产量影响很大，但病虫害的发生是和温度息息相关的；三是霜冻、冰雹、暴雨，包括小麦的干热风等对粮食的影响。我国农业防灾减灾形势严峻。2008 年上半年低温雨雪冰冻灾害和特大地震灾害已经给农业生产造成巨大损失，上半年因灾损失粮食 209.5 亿 kg，比 2007 年同期多损失 21 亿 kg。2008 年防汛抗旱形势十分严峻，大量农作物和牧草遭受了病虫害、鼠害等灾害的影响，特别是水稻“两迁”害虫等重大植物病虫害也呈偏重发生态势。这些灾害无形中消解了粮食生产能力，同时也对农民增收产生了很大影响。

综合来看，当前我国农业“靠天产粮”、人们“靠天吃饭”的状况没有从根本上得到改变，每年都有大量的农田受到旱灾、涝灾、洪灾、风灾、雹灾、火灾、病虫害、鼠害等自然灾害的影响。2006 年我国作物受灾面积 4 109.1 万 hm^2，占全国总播种面积的 262%，其中旱灾 2 073. 8 万 hm^2,洪涝灾 800. 3 万 hm^2,造成农作物绝收面积近 500 万 hm^2。2011 年全国各类自然灾害共造成了 4. 3 亿人次受灾,1 126 人死亡(含失踪 112 人),939. 4 万人次紧急转移安置;农作物受灾面积 3 247. 1 万 hm^2,其中绝收 289. 2 万 hm^2。(数据来源:国家统计局)

8.1.3 水资源

水资源也是重要的自然资源。水是生命之源、生产之要和生态之基。水对农业发展的约束作用也是显而易见的。当水与其他生产要素相结合,特别是与科学技术相结合时,将会使水的使用效率得到充分发挥,对农业生产的贡献率也将会大大提高。近年来,随着我国用水问题的日益突出,节约用水越来越引起人们的重视,农业面临着水资源紧缺和用水浪费的双重危机。农业节水不仅能有效促成农业结构战略性调整,增加农民收入,改善农村生态环境,而且是保障城市和工业用水的有效途径,对促成农业及经济社会发展具有深远的战略意义和现实意义。下面以开封市为例来论证我国农田水利建设问题。

8.1.3.1 水利建设

1. 开封市农田水利基本建设概况

1)水资源概况

开封市地处半干旱半湿润季风气候带,多年平均降水量为 639 mm,但年降水量的 70% 左右集中在汛期。由于开封市为平原地区,不具备拦蓄雨洪的地形条件,绝大多数降雨白白流走而无法利用。气候特点决定了开封市频繁发生先旱后涝、涝后又旱、旱涝交替的多灾害性生产环境。

多年来,开封市平均地下水资源量为 7.6 亿 m^3,远远不能适应农业发展需求。尽管开封市土壤渗透性好,地下水补给得比较快,可以随时提取,也可以通过引黄主动补给和降水、黄河侧渗被动补给,但据 2000 ~ 2010 年统计,开封市年平均供水量达 14 亿 m^3。其中,降水占 0.8%,地下水占 66%,引黄占 33.2%。如果没有引黄,没有降水,则将一直属于透支状态。

所以,无论是开封市的气候条件,还是地下可用水资源量,都决定了开封市农业的每一步发展都悬于水利这个“命脉”之上。

2)农田水利建设已经初步形成成网配套的抗旱除涝体系

新中国成立后的几十年来,持续不断地水利设施建设,使开封市农田已经形成了引黄灌溉、井渠配套和沟河纵横三位一体的立体抗旱除涝体系,已经具备了遏制全市范围内严重水旱灾害的能力。虽然局部时有灾害形成,但仍能保证农业连年丰收,城乡社会安定。截至 2012 年底,全市有效灌溉面积已达 473 万亩,占调整后常用耕地面积的 80%,人均 1.26 亩。旱涝保收田 363 万亩,占调整后常用耕地面积的 61%,人均 1 亩。

一是大力发展引黄灌溉。早在 20 世纪 50 年代末,就开始着手引黄灌溉工作。特别是改革开放以后,开封市引黄灌溉得到了进一步的发展。目前,赵口、黑岗口、柳园口、三义寨四大引黄灌区框架基本形成,设计灌溉面积 506 万亩。引黄灌区已经覆盖了全市 94% 的耕地。

二是积极发展井渠双配套。在发展引黄灌溉的同时,开封市积极发展井渠双配套,农用水井星罗棋布,实现机电配套机井 8.1 万眼,井灌面积达 430 万亩,其中节水灌溉面积 52 万亩。

三是沟河纵横,灌排皆宜。小沟通大沟,大沟通河流,旱时能灌溉,涝时可排水。骨干河道有 12 条达到五年一遇标准,9 条达到三年一遇标准。这是开封市从 20 世纪 70 年代后全市性严重涝灾的主要原因。

这三位一体的水利体系的形成,实现了较好的综合效益。开封市地下库容小,水量有限,引用黄河水就可弥补开封市水资源不足。但在黄河不能供水或不能满足需要时,就可以通过水井提取地下水。两种水资源,双重水利设施,既可提高灌溉保证率,又可实行多种水资源联合调度,节约用水。

2.农田水利建设亟待解决的几个主要问题

开封市农田水利建设成就有目共睹,但与新形势下的农村经济发展需求相比,则显得硬件不"硬",软件太"软"。急需认真对待,积极解决。

1)硬件不"硬"

1997 年春,全国政协副主席钱正英率团莅汴考察黄河下游引黄灌区,返京后在给国务院的报告中对黄河下游引黄灌区作出如下评估:"先天不足,后天失调,周身是病,无以为继。"这四句话可谓一语中的,非常符合开封实际。

一是灌区工程先天不足,后天失调,缺口大,标准低。如前所述,四个引黄灌区均建于 20 世纪 50 年代末,说是灌区其实只是以干渠为主的灌区雏形,建设标准很低,而且干渠以下的几级渠道很多都没有修建。

二是灌区工程老化失修,"周身是病,无以为继"。建筑物的折旧年限仅为 20 年,但是它们仍然风雨飘摇了半个多世纪。由于长期缺乏养护费用,至今仍然"遍体鳞伤"地挺立在灌区。开封市流域面积在 100 km^2 以上的 33 条大型河流,相当一部分河槽淤积严重,堤坝残缺不全,桥涵配套不齐,排水不畅。

三是农用水井疏密不均。从大的方面看,开封市农用水井数量并不少,浇地面积也相当可观,但细算起来,可以发现,开封市农用水井布局是南密北稀,稻区空白。密者无大害,稀者则需补打,空白者要科学规划,合理布局,尽快填补。

四是没有量水设施,直接制约灌区管理水平的提高。量水设施是开封市灌区的一大空白。这也标志着开封市量水的软弱状况。无论是引黄灌溉在开封市水利建设中的地位、发展前景,还是水资源的日益短缺,还是经济杠杆对合理用水的有效调节,都呼唤人们对它的重视,盼望量水设施的早日上马。

2)软件太“软”

软件太“软”主要表现在现行水利管理体制不能适应当代农业发展的需求。

一是县乡水利管理机构举步维艰,基层水利队伍人心不稳,与当前农业发展需求形成强烈反差。这种状况开始于20世纪80年代的“断奶”式改革。现在全市水利系统干部职工队伍呈“中间大、两头小”的状况,全系统3 087人,主要分布在县级单位。人数最多的是尉氏、开封两县,各有700人左右。最少的郊区也有200多人。钱少人多,且多是没有专业特长的,基层水利队伍基本成了“虚脱的病人”,入不敷出,难以为继。开封县有两个水利管理单位,为了能够维持下去,他们一是到外地承包工程,二是一半人休息一半人工作。逢中秋节、春节,就向银行贷款,以便让职工能拿到一些过节的钱。据了解,这种现象并非个别,具有一定的代表性。其直接后果是无钱买水,引水量骤减,无论是给农民还是给灌区,都带来很大损失,灌区工程遭到破坏。更为严重的是动摇了基层广大水利职工的信念,瓦解了他们的工作热情和责任心。有相当一部分路边沟渠被附近农民用来种田或盖房子,本来用于排水的设施变成了断头渠。

二是管理体制不顺,权限交叉,难以充分发挥现有水利设施的综合效益。以赵口灌区为例,在20世纪90年代以前,赵口灌区由开封县独家建设,独家管理。自20世纪90年代初赵口西干渠建成后,又先后增加了省赵口管理分局、市赵口管理处和尉氏、通许、杞县等管理单位,这种“割据”状态已经影响到赵口灌区的正常运行。类似问题在其他灌区和河道管理机构也程度不同地存在。

三是水利队伍人才流失严重,专业技术人员短缺。市水利局编制37人,实际31人,加上借调人员和临时工共38人。其中,大中专学历水利专业共8人，其中有4人是近年考入的公务员，有7人是近年借调进入的人员。除了考入和借调人员，市水利局只有7个专业技术人员，不到23%。在县乡基层水利单位，这种情况更为严重。这就是前几年开封市水利倒退的原因之一。

四是水利经费短缺，农业水费又常被截留，使水利建设雪上加霜。近年来，开封市对水利建设方面的投入不够，引黄灌溉逐渐被井水灌溉替代，引起了不少问题，特别是水费存在严重应用问题。近10年间征收的水费有近半被用于其他开支而没有用于兴修水利上。这不但直接影响基层水利职工的工资发放，而且导致农民交了水费而用不上水，农民只好用井灌来保证农业生产之需，黄河引水量也由原来的每年6亿~7亿 m^3 减少到1亿~2亿 m^3。这种状况，一是增加了农民的经济负担（每亩灌溉费用井灌为10元，黄水灌溉为5元）；二是影响了土壤改良，削弱了土地肥力（黄河水含有大量有机质，较井水灌溉，每亩可增产小麦25 kg左右）；三是不但减少了黄河水对地下水源的补充，而且进一步加剧了开封市地下水源的短缺状况。

五是现有水利政策不能适应农村实际，基层水利工作无所适从。农村税费改革和"两工"取消后，由于没有相应的配套政策，开封市各级财力又十分有限，水利建设投资基本没了来源，一些水利工程和小范围被毁坏的排灌系统无力建设和修缮。"一事一议"，一方面受农民收入的制约，另一方面一些跨片跨村跨乡的农田水利建设无法开展。大部分县乡的农田水利基本建设陷入困境。

3. 新形势下发展农田水利建设的建议与对策

从开封市农田水利建设状况可以看出，开封市要加快农业发展，就必须对水利这个"命脉"标本兼治、综合治理。这里既有提高认识，进一步加大对水利建设投资，使长年失修的水利工程设施尽快恢复元气，强身健体的问题，又有抓紧制定、完善新形势下符合农村发展实际的水利政策的当务之急，还有深化水利建设管理体制和运行机制改革，使之增强发展活力的问题。

一是摸清家底，明确责任。多大流域的河流属于国家投资，哪些河流应该地方治理，哪些水利设施应由受益农民负责，或者哪些项目必须由国家、地方和农民联合治理，等等，以避免互相依赖、推诿扯皮，贻害水利建设。要根据责任划分，加大投资力度。现在用1元钱能解决的问题不去解决，以后可能投资10元也难以恢复。要根据开封市水利建设总体规划，统筹使用各类项目中的水利建设资金，分级、分流域、分灌区统一安排，力避重复投资，最大限度地实现资金效益。大型水利灌溉项目投资巨大，非开封市财力、民力所能为，必须积极争取国家支持。开封市三个大型灌区均已列入水利部项目库。开封市宜仿照市政府与中国农业大学合作的模式，通过市政府与水利部国家排灌中心进行合作，进入大型灌区续建设施配套项目。当属开封市负责管理的河流、设施，各级财政也要不惜财力，积极支持。属于受益农民负责的水利设施，则要向农民把道理讲清楚，使其正确认识自己的根本利益和长远利益，自觉投入、保护和修缮。

二是完善落实水利政策。现在急需解决的是“两工”取消以后，如何进行基层农田水利基本建设。对于中央的这个政策，必须正确理解。它的实质是尊重农民的民主权利，让农民休养生息。它要取消的是，在有些地方确实存在的不从农民利益出发，对农民没有任何好处，甚至是劳民伤财的“政绩工程”，取消的是居高临下的强迫命令和救世主式的包办代替。然而，这个政策也同时规定了农民为了自己的利益而必须进行的农田水利建设的责任和义务。问题在于认识需要一个过程。利益有眼前和长远之分，对利益的认识，由于农民的文明、开放程度的不同，又有早晚之别，所以在统分结合、双层经营搞得较好的地方，“一事一议”就能较好地落实。而在大部分农民还是“各顾各”的地方，就容易成为一些

“钉子户”的口实,使一些跨片、跨村、跨乡的农田水利建设无法进行。由于这是一个涉及农民负担的敏感问题,各级党委、政府慎重是正常的、必须的,但慎重不是消极等待作壁上观,鉴于这种情况,建议市政府给县、乡变通权。但这个变通要有大的框架规范,而不是放任自流。必须辅以有力的监督制约机制,以免“走形”,把好事变坏,重走增加农民负担的老路。

三是深化体制机制的改革。体制机制的改革必须切合农村现阶段发展实际,而不是像过去做的那样,不顾为农民、农业发展服务这个根本宗旨,统统一刀切,实行“断奶”,使那些本不会经营的水利技术人员不得不抛开自己的专业去经商,导致本来就稀缺的科技人才严重流失,基层水利队伍基本名存实亡。而根本不懂水利工作的“万金油”人员凭各种关系大量调入,水利工作干不了,却形成了乡镇财政的极大负担,也成了向农民乱收费的一个源头。随着农业经济的不断发展和市场经济体制的深入,国家对农田水利建设投入政策也必将进行相应的调整,农田水利建设也必将走向市场化。因此,在现阶段,基层水利管理机构不能弱化,更不能取消。要按照国务院颁布的《水利工程管理单位体制改革实施意见》,尽快完成开封市水利工程管理单位的定性工作,根据其单位是公益性、半公益性,还是经营性,对职工进行定编、定岗,使其有一个明确、稳定的工资来源。要尽可能恢复垂直管理体制。通过竞争、考试等方式,使基层水利机构裁减冗员,优化队伍。在运行机制上,要逐步注入市场经济运作模式,把水利建设工作的好坏、给农民带来的效益,与他们的收入挂钩。有条件的地方,可以逐步推行水利设施的市场化经营,在保证广大农民的基本受益权的情况下,实现自身积累,做大做强。

四是统筹管理,突破瓶颈,突出效益。开封市有一些“卡脖子”骨干工程,由于多头管理或责任不明,直接影响现有水利设施综合效益的发挥。要采取先粗后细、先通后畅的方法,早日将其打通，进一步扩大引黄灌区面积。这种工程的投资不算大，估计市财政具备这个承受能 力，比如把赵口灌区的陈留分干与杞县的跃进干渠连接起来，杞县农民就可以用上洁净的黄河水而不再引用惠济河的污水。这样，农产品和地下水资源可以不再继续受到污染，农民健康可以得到保障，同时，惠济河也可减少泥沙淤积，防止降低防洪标准。类似“卡脖子”工程还有一些，如柳园口灌区南干渠向杞县延伸，黑岗口灌区东干渠跨泄水渠向开封县延伸，三义寨灌区兰开分干扩建，赵口灌区西干渠开封县境内几条分干的支渠建设等。这些工程全部包括在各灌区规划之内，可以根据财力逐年分步实施。

五是创新水利建设方式。我国农田水利基本建设的一个基本特点就是“人民战争”。每年冬春季节，都要动员数万的农民挖河、清淤，不但规模大、动用劳力多，而且年年如此。在经济发展水平低下，特别是农业生产效益较低的情况下，这是必要的，是当时条件下发展农业生产的唯一可行途径，也是只有在中国共产党领导下才能实现的伟业。但社会发展到今天，无论是经济力量、机械装备，还是农民的思想观念和经济收入构成，都要求我们逐步告别曾经使农业发生翻天覆地变化的、几十年一贯制的水利建设方式，用机械代替体力劳动，用高度集约的现代化施工方式取代粗放的人海战术。过去，工业基础薄弱，缺乏挖河清淤机械，现在即使先进的水利机械也已不成任何问题；过去农民冬闲无事可干，现在市场经济鼓励农民外出打工，冬闲变冬忙。过去农民收入低，挖河清淤，带有以工代赈性质。现在农民生活质量已普遍提高，有的农民打工收入要比以资代劳交的钱多得多，一般不愿意长途跋涉“背井离乡”去“爬冰卧雪”、“战天斗地”了。虽然还不是多数，但已代表了一种趋势。例如，2003 年冬的赵口灌区清淤，尉氏县的农民跑了上百千米来到赵口总干渠清淤指挥部附近安营扎寨。当他们得知干渠上下几乎没有人工清淤以后，随即决定拔营回家，请机械清淤。所以，对挖河、清淤等方式进行改革，实现机械化专业队清淤时机已经成熟。这既是以人为本、以民为本思想的具体体现，也是农村生产力发展水平的必然。这种方式的变革，另一个好处就是，可以组织在精简、优化水利队伍时的分流人员组建专业机械化清淤队，使他们的工作生活也有一个安排。至于清淤设备购置费的来源，可以通过多方筹划来实现。比如，各级财政出一点，向银行贷一点，农业水费和市政府农水经费也可以出一点。

六是规范经费使用，提高管理水平。农田水利建设是农业的命脉，也是实现整个经济发展的基础。它需要的是全社会的大力关心和支持。要制定农业用水规范和合理的适合农民当前经济收入水平的收费标准，明确收费主体和用途，并加强对实施过程的监督和审计，保证收缴水费的专款专用，不允许任何单位和部门截留；对于过去截留的水费，必须限期归还。引黄灌溉要抓紧实现计量配套，科学计量，合理收费。

七是关注发展不平衡的问题，切实做好局部调整、拾遗补缺工作。其一，水稻生产需要连续供水，开封市水稻种植面积很少，干渠长，断面大，引水流量小了不解决问题，大了浪费水资源，增加了用水成本。其二，大断面小流量最容易淤积泥沙，尤其是水稻生产又处于汛期，而此时黄河水含沙量特别高。其三，黄河水资源短缺导致供水保证率低。最近几年稻区农民经常遇到这个问题。开封郊区政府应对这一问题给予重视。

农田水利建设问题是一个事关农村发展乃至整个经济社会发展全局的命脉工作，由于长期以来对这一命脉投入少、索取多，仅仅依靠自身力量实现发展几乎是不可能的。所以，必须标本兼治，综合治理，在加大扶持力度的同时，慎重地逐步推进既符合农村实际状况，又适应市场化要求的改革。

总的来说，我国水利建设情况不容乐观。在节水用水方面，我国情况如下。

8.1.3.2 节水用水

1. 农业节水的现状与节水潜力

我国农业节水灌溉潜力巨大。目前农业用水量大，占我国用水总量的73%左右，年用水4 000多亿t，但是有效利用系数仅为0.4左右，与发达国家的0.7～0.8相比，节水潜力巨大。水利用率增加一个百分点，节水量将达到400亿t，可以满足目前我国工业生产2.5亿元（万元工业产值耗水量按160 t计）的产值耗用，或者供给近10亿人口的生活用水。

2. 农业节水的难点

农业节水难度很大，既有工作环节问题，也有农民观念问题，还有节水机制问题。当前制约农业节水的主要因素有以下几个。

（1）种粮效益低，水价调节不能发挥经济杠杆作用。与居民生活用水相比，我国农业供水水价调整滞后，水价长期维持在低水平，水费大部分只能勉强维持灌溉工程的运行和维修费用，没有计入工程折旧和供水费用，更不包括税金和供水利润等。低水价是造成灌溉用水浪费的主要原因。按目前的粮食价格，水价提高到成本加微利的水平是很困难的，低水价不能充分体现对节水的杠杆作用。

（2）农田水利工程难以实现完全市场化，农业节水也很难实现产业化。我国农业供水很大程度上是沿用过去计划经济时期的模式。目前农业生产所需农具、畜力、化肥、农药、种子和劳力等都已市场化，完全靠市场机制解决，而水利工程还不能完全靠市场机制解决。不是农民不愿意市场化，而是由于水利工程一般涉及水上资源关系，除一些微型水利工程外，一般的水利工程要涉及数户或几十户的利益，很难分割经营。

（3）农业生产体制对农田水利建设有一定制约。我国农民目前人均耕地不到0.13 hm^2，户均不到0.53 hm^2，每户农民分到的地块也较零散，谈不上规模经营。由于种粮成本提高，而粮价提高较慢，农民种地的实际收益不大，节水积极性不高，节水处于被动状态。

(4)节水投入少。从20世纪80年代财政体制改革以来，农田水利工程主要靠地方财政补助。近几年来，地方财政普遍吃紧，尤其是北方一些农业大省，每年省级小农水经费只有几千万元，实际投入到农田的资金更少，县以下财政投入农田水利建设的资金寥寥无几。

3. 发展节水灌溉

1) 宏观政策取向

农业节水体现的是宏观效益，应属公共财政支出的范围，主要以各级财政投入为主。建议各级政府加大节水投入力度，建立节水建设基金，确保节水投入的规模和连续性。

2) 节水工程技术

一是技术措施。近30多年来节水灌溉技术在我国取得了长足的进步。主要包括：①输水技术。各类渠道防渗，可减少渠道渗漏50%~90%，提高渠系利用系数20%~40%，甚至更高。②灌水技术。土地平整、漫灌改畦灌可节水5%~10%；地膜灌溉、水稻旱作可节水10%~20%。③喷灌。较地面灌溉可节水40%~50%。④滴灌、渗灌和微灌等新灌溉技术。通过地下暗管微孔利用土壤毛细管作用湿润作物根部，将用水减至最低限度，是地下微灌的主要形式，它比喷灌能节水30%。提高雨水的利用率，增加雨浇地的生产能力。根据对旱作农业、雨养农业的统计：垄作区田配合轮作，增加地表径流利用量75%，增产20%~30%；等高耕作增加径流利用量30%，增产10%~20%；挖沟培垄，沟底深翻，回填熟土，增加径流利用量90%，增产100%；坡地改梯田，每公顷增加径流量200~300 m^3，增产1 000~1 200 kg；地膜覆盖或耕地铺砂，减少蒸发，每公顷增加径流利用量600 m^3，增产150~450 kg。总之，进行精耕细作，加强田间管理，不仅能有效提高雨水利用率，还能明显提高农业单产。

污水资源化可以变废为宝,是值得探讨的农业节水措施之一。污水用于农业经验最丰富的国家可能是墨西哥,自1980年它就将城市的污水作为城市周围的农业用水。公认的方法是在非消费性农作物中,污水可以不经处理直接使用或只进行一级处理。而对消费性的作物,污水必须进行处理以满足相应的标准。

3)节水管理技术

首先,灌溉节水的潜力50%在于管理,有效的政策和体制是强化管理的基础条件,管理人员的素质是强化管理的关键。其次,科学用水。改善灌溉制度,控制灌水次数和定额,制订合理、适时的优化配合计划对减少灌溉水量具有决定性影响。再次,调整作物结构和栽培技术,大力推广抗旱新品种,提高整体节水功能。最后,运用水价的经济杠杆促进节约用水。核定不同地区及不同作物的灌溉定额,定额以下水量,实行低水价,以降低农业生产成本,增加农民收入;超额用水,要大幅度提高水价标准,浪费部分水量要征收惩罚性费用。

8.2 科学技术要素

科学技术要素在新型农业现代化发展中起着基础性的核心作用。科学技术要素可以转化、渗透和融入到影响新型农业现代化水平的其他要素之中,并且具有正相关性。它能与其他要素结合在一起,形成相对稳定的合力,使农业的经济效益、社会效益和生态环境效益更加显著。假定在一定条件下,资本要素、制度要素不发生大的变化,科技要素转化渗透融入到土地要素、劳动力要素、可移动物质要素和信息要素之中的数量越多、质量越优,农业现代化水平就会得到提升,农业综合生产能力就会越高越强;反之,就会降低和减弱。

8.2.1 发展农业科学技术的动因

由于科学技术是生产力，而且是第一生产力，所以农业科技亦是第一生产力，它渗透到了农业生产的各个领域和过程，并成为了促进农业向专业化、市场化、现代化发展的最强劲的驱动力。无论是国外科技强农的发展趋势，还是我国人多地少，农业结构不合理，市场竞争能力差，技术条件落后的客观现实，农业科学技术在目前和今后很长时期都将是我国农业发展中优先考虑和优先发展的重要内容。我国要走现代农业发展道路，必须把农业科技的广泛运用放在首位。这要求我们既要在思想上重视农业的全面发展，还要充分认识到农业科学技术对农业结构调整、农业市场化进程及农业可持续发展等方面所提供的正能量。

8.2.1.1 农业科技促进农业结构优化

农业结构表现为农业生产、农业布局、农业生态以及它们之间的比例、结构和相互关系。鉴于此，农业要走可持续发展之路，就必须有一个优化的农业结构才能进行良性的循环发展。构建这样的农业结构，要受制于种植观念、自然条件、政策因素、技术条件等诸多因素的影响，其中农业科技发展程度、推广应用水平，是影响农业结构调整和优化的一个关键因素。

1. 农业科技促进农业结构的优化

农产品结构是否合理是衡量农业生产结构是否合理的一个重要标准。它具体表现于农业生产多元化、农产品多样化、农产品质量优质化。目前，我国农业结构的主要问题是农业生产单一化、农产品雷同化、农产品品质低劣化和农产品产销市场脱节化。其具体表现为农副产品的质量、品种结构与市场需求的矛盾日益突出，大路产品多，低档产品多，普通产品多，原料型产品多，而优质产品少，高档产品少，专用产品少，深加工产品少。这种落后的低附加值的生产结构既受到传统的种植观念或政策的影响，也受到农业生产科学技术水平的制约。农业科技水平低,运用不充分则是农业结构难于优化的一个关键制约因素。也就是说,如果农业技术发展水平低,体现在生产结构方面的优势就非常小,发展空间不大,很难在品种、品质、特色等方面有所创新,也就不可能拥有一个优化的生产结构。要想使农业有较大的发展,就必须用现代技术来装备农业,在生产中采用现代农业科学技术来发展农业。无论是从理论上还是从实践上来看,农业科技都是农业结构调整的有力推手。因为农业科技能改善农业结构,增强农产品市场适应性和竞争力,是提高农产品、产量质量的有力因素。合理的农业结构使农产品有一定的市场销路,也产生一定的经济效益,但这并不能保证农产品的市场竞争力就强,农业生产就能够得到一个很好的经济效益,农业的质量和综合实力就提高了。所以,在农业结构调整时,要把农业科技推广、生物基因和农业机械等应用到农业结构调整中,这必将极大地推动农业发展。

农业科技对农业结构的影响可以体现在许多方面,先进的农业机械工程技术、农业水利技术的开发应用,不仅减轻了劳动强度,节省了生产成本,而且极大地提高了生产效率,提高了产品的质量。例如农业转基因技术、种植技术、新材料技术、大棚种植技术等先进技术在农业生产中的广泛应用,就扩大了农业生产空间,提高了农产品产量,增加了品种,优化了品质,放大了农产品使用价值,优化了生产结构。在实践中采用的太空育种技术,使蔬菜、水稻产量大幅度提高。温室大棚、先进栽培措施等科技成果的推广应用,使蔬菜、水果、花卉、养殖、畜牧业等得到长足发展,不仅产量提高、品种增加、品质提升,而且形成了区域化、专业化的生产布局。农业高新技术的推广使用,极大地提升了我国粮食综合生产能力,在粮食作物种植面积减少的情况下实现了粮食总量不断增加、农业发展空间不断拓展、农业结构不断优化的目标。

2. 农业科技优化生产布局

农业结构调整的一个重要方面是农业布局。农业生产需要在生产地域、生产类别、生产数量上有总体性的规划和安排，这是总体农业结构合理化的基础，也是现代农业的必然要求。如果农业布局不合理，势必会造成生产重复、产品单一、雷同的农业结构，也会导致因自然条件不同而在同一政策安排下脱离实际出现的农业资源的巨大浪费。我国是农业大国，存在着区位、土壤、气候、水分等条件的差异，这客观上要求了农产品生产的不同。要做到因地制宜、发挥优势，形成特色，在全国保持一个整体性合理的农业结构，就必须科学规划，合理布局。全面的、科学的、动态的农业资源数据，迅捷的信息技术为优化农业布局提供了可能。比如通过全球定位系统、农田遥感监测技术、农田地理信息系统、土地测量技术、农业气象技术、土地规划技术等的综合运用，进行农业生产的科学布局，构建起一个宏观的、科学的农业结构体系，逐步做到农产品区域布局与农林牧渔业的协调发展。

8.2.1.2 农业科技推动农业市场化

农业市场化是优化农业结构调整的要求，同时也是建立和优化农业结构的重要选择。一方面，由于农业生产结构和布局不科学、不合理，势必造成产品产出与市场之间的错位和不对称，所以农业市场化需要农业生产布局和农产品生产结构进行市场性的科学定位。另一方面，如果缺乏市场的具体运作，产品销售不出去或质价错位，即使是合理的生产布局和结构，也会在一定程度上造成农业结构的不适应性。所以，要提高市场化程度，增强市场的适应能力。

1. 农业结构市场化必须有农业科技的科学定位

我国多年出现的农产品难卖、价低、整体效益差的问题，主要是农业结构与市场不对称造成的。它是由传统的单一的农业结构决定的。在传统的“以粮为纲”的计划经济条件下，不重视生产地区的差异性、供求状况的变化、竞争的存在、耕地的生产能力、粮食储备量、产品的销路等市场要求的因素，一切由政府计划安排。但是，在社会主义市场经济条件下，农业生产的环境变了，原有的农业单一生产模式已经不适应市场变化的要求，其结果就是生产与市场严重的脱节，出现丰产不丰收、有粮卖不出的现象。

农业结构必须进行面向市场的根本性调整和转变，借助科学技术的力量来增强农业的市场适应力和竞争力，逐步提高农业市场化程度。首先要通过对我国农业生产现状进行调查研究、科学分析，制订出因地制宜、特色突出的整体性和区域性农业结构计划，进行科学的顶层设计，打牢农业市场化基础性工程。其次要加强农业适用性技术研究和推广应用，增加产品品种，优化品质，突出特色，生产更多的专用、优质的农产品，形成一个合理的、平衡的农产品供应体系，提高农产品与市场的衔接和市场化程度。最后要对农民进行必要的农业科技培训，把提高农民的科技意识和科技运用能力作为培养新型农民的核心。只有这样，才能提高农民的科学种田水平和市场驾驭能力。

2.农业科技使农产品更具有适应性

农业科技有利于农业产业化发展。农业产业化是农业市场化发展的必然要求，其主要标志就是生产专业化、生产规模扩大化、生产过程技术化、生产管理科学化、生产目标市场化和生产利润最大化。通过农业科技推广应用，把信息技术、海洋开发技术、网络营销技术等现代科学技术应用于实际农业生产经营之中，使农产品区域布局优化，充分发挥区域比较优势，加速农业科技由单纯追求数量向质量和效益并重转变，推进农业产业化发展，形成一批龙头企业，为推广实用技术，建设优势农产品产业带助力。

3.农业科技有利于农产品质量体系建设

农业科技发展可以提高产品市场适应水平，能为农产品提供可靠的质量保证体系。农产品质量体系是市场竞争秩序和市场保护的需要,也是农业生产安全的需要。农产品质量体系的制定,需要在科学测定和检验基础上确立质量标准。没有科技的运用,就不会有科学的高水平的质量管理体系。科技在农产品市场发展、农产品销售信息平台构建等方面,都能够提供相应的技术指导和具体质量标准。比如,全面实施无公害食品行动计划,制定绿色无公害食品标准、农业生产质量标准和市场准入制度等。从农业的投入到农产品的产出,再到市场销售和社会的消费,都应有一整套的市场质量标准控制体系。只有这样,才能使科学技术全方位地渗透到农业生产的各个领域。

8.2.1.3 农业持续发展需要农业科技保障和支撑

只有做到人与自然、经济与社会、城乡经济协调发展,就可以维持农业可持续发展。农业科技运用是一把双刃剑,一方面先进的技术成果运用能够促进农业的发展,但另一方面也带来了一定的副作用。比如,农业化肥、农药、除草剂、农膜的大量使用可以促进生产,提高产量,但同时也容易造成严重的地面污染,如土壤层有害元素含量超标、板结硬化,农村水环境的恶化等,不仅导致地力下降,产量降低,质量变差,而且也危及农民的身体健康和农产品的安全。所有这些都会影响到农业的可持续发展。所以,要重视科学技术在治理农业生态环境中的作用,采取多种治理办法,对农业日益恶化的生态环境进行有效控制和治理。

1. 农业科技有利于节约农业资源

我国是世界上人均农业资源短缺的国家,并且农业生态环境日益恶化。比如我国土地资源相对紧缺,人均土地面积仅 11.65 亩,只及世界人均的 1/3。全国水土流失面积已占国土面积的 38%,荒漠化面积占国土面积的 27%。此外,全国还有 1/5 的耕地不同程度地受到工业化产品的污染。农业资源的紧缺和农业生态环境的日益恶化,不仅影响了我国经济社会的可持续发展,也给我国农业发展带来严重的危害。因为农业发展首要的是科学合理地利用耕地、水资源、生态环境等农业资源。

运用农业科技,可以制定科学合理的农业生产规划。通过利用先进的科学技术对不同地区、不同水平、不同层次的农业状况进行必要的资源利用调查,制定出农业发展远景规划和生态环境保护自然资源利用规划。同时,保证农业体系内部的和谐统一和有序运动,并节约农业资源,避免农业资源的浪费,使社会、经济、生态三大循环体系更快地向高层次运动。另外,还可以节约耕地和水资源,提高农业资源的利用效率。通过改造现有的中低产田,采用先进的水土保持技术和滴灌技术,在土地资源有限、水资源不增加的条件下,增加农产品,保证生态平衡和农业的协调发展。同时,加快我国"三废"资源的综合利用和生态环境保护。

2. 农业科技有利于社会和谐稳定

可持续发展,既包括经济内容,也包含社会和谐发展的内容。现代国家的一个标志性指标,就是农民不再是穷人。但目前中国农村按联合国每人每天收入或消费低于 1 个购买力平价美元(约折合 2.5 元人民币,即人均年收入约 900 美元)的国际贫困标准测算,我国农村还有近 3 000 万的贫困人口。如此庞大的贫困人口数字,且不说城乡的差别,从总体来看,社会的发展也不和谐。和谐发展是农业可持续发展的社会内容和追求的结果,但地区之间、城乡之间和工人之间收入差距和生活状况,都会影响农民生产的积极性。如果农村贫困人数增大,地区差距和城乡收入差距过大,就会影响到农民生活水平,出现农业劳动力的外移,妨碍农业的可持续发展。因此,通过农业科技运用,使农业结构合理、增长方式转变、农产品科技含量和品质提高,有利于增加农民收入,也有利于全面小康社会和社会主义和谐社会的建设。

3. 农业科技有利于农业增长方式的转变

我国要发展现代农业,就必须对现有农业发展方式有一个根本性的转变,这是农业现代化的必然要求,也是国际农业发展的大趋势。从单纯扩大种植面积及依靠人力、物力投入的粗放型增长方式向依靠科学技术、节约资源、经济效益好的集约型增长方式转变。这种根本性的转变就是要建立环保型、节约型、效益型农业增长方式。所以,要依靠农业科学技术,从根本上改变我国农业落后的局面。

因此,要在农业生产中提高科技含量,转变农民的生产经营观念,培养他们树立现代农业、科技农业、环保农业、市场农业的观念和思想,彻底从传统的小农意识和小农经营方式中解放出来,去适应现代农业发展的需要。同时,还要从科技、文化知识和管理等方面对农民进行教育,提高他们对现代农业的认识,引导他们按照市场经济的要求,走科技强农的新型农业发展道路,最终实现我国农业现代化。

8.2.2 我国农业科技面临的新局面

8.2.2.1 外部环境

经过 30 多年的改革开放,人民生活水平明显提高,综合国力显著提高。虽然经历了 2008 年以来的世界性经济危机,但是我国总体形势是稳定的,经济社会是继续前进的。目前我国国民经济正蓄势待发,急需农业提供长期的、持续的、稳定的有力支撑,需要农业科技率先有一个大的发展,这客观上必然要求进行一次新的农业科技革命来提供和保障这种支持。目前经济全球化、政治多极化的趋势,决定了我国农产品必然面临国际市场越来越强烈的竞争和压力,特别是我国加入世界贸易组织后,面对国内、国际两个市场更激烈的竞争,必然要求我国农产品竞争力有一个大的提高。

8.2.2.2 内部环境

1. 域情复杂

我国人口粮食资源环境的矛盾日趋尖锐。首先,目前我国的总人口超过了13亿,预计到2030年将达到16亿左右,如此巨大的人口负荷必然导致对农产品数量和质量的强劲需求。按目前的粮食增长速度,根本满足不了人口增长的需要,只有农业科技革命才有可能完成这项任务。其次,我国资源总量丰富,但人均数量不足,人均耕地、林地、草地、水资源数量分别仅占世界平均水平的1/3、1/8、1/2和1/4,每年仅耕地资源还在不断减少。再次,就是环境污染问题。当前我国有600万hm^2农田受到不同程度的污染,3 300万hm^2土地面临沙漠化威胁,6 000多万hm^2草原严重退化,且面积仍在扩大,程度仍在加深。回顾近50年来我国农业的发展历程,不难发现普遍存在着资源浪费、效率低下、成本太高等粗放化问题,这是制约我国农业持续发展的症结。

2. 农业科技水平不高

虽然几十年的改革开放,使我国农业科技取得了长足的进步,为农业生产做出了重大贡献,农业科技本身依然存在着许多问题,整体水平与发达国家仍有10~20年的差距。美国农业产量增长的80%和农业劳动生产率提高的70%,主要得益于农业科技,而我国农业科技在农业增长中的贡献率仅为35%左右。从现有成果的转化率来看,也存在技术推广不力、成果浪费严重的现象。发达国家农业科技成果转化率一般为60%~80%,而我国仅为30%~40%。我国种植业除水稻外,小麦、玉米等主要农作物的单产水平还不足世界高产国家的一半,其平均比我国高出30%~40%。我国的畜牧业技术同样落后,生猪出栏率仅为美国和德国的2/3,饲料报酬率比先进国家低30%;林果业、食品加工技术相差更大,美国加利福尼亚州柑橘90%以上用于加工,而我国加工的部分不足10%。我国化肥自给率仅62%,当季利用率仅为30%~40%,而发达国家化肥大量出口,当季利用率60%左右。我国农业水资源每年缺少500多亿m^3,灌溉用水利用率仅30%~40%,而发达国家为70%~80%,以色列甚至达到了90%以上。发达国家已将计算机、生物技术、高效低毒农药等高新技术广泛应用于农业生产，而我国在这方面差距也不小。这种对比，一方面反映出我国农业落后，另一方面也说明差距中隐藏着很大潜力，这就急需用先进的科技来改进和提高我国农业。

3. 农业科技发展步履维艰

目前，我国农业科技体制改革面临着严峻的挑战。随着改革的深入进行，许多问题逐渐暴露出来，科研结构设置不合理，新兴学科发展缓慢，创新能力不强，带动力弱等。出现这些问题的主要原因就是农业科技投入不足和人才匮乏。我国科技投入占国内生产总值的0.5%，农业科技投入占农业总产值的0.27%，这一数据从20世纪60年代以来就没有大的变化。而发达国家的农业科技投入则从20世纪60年代的1%提高到目前的2%。我国农业科研经费仅占整个国家科研经费的3%～4%，而世界平均水平为10%。这导致了农业应用基础研究薄弱，科研后劲不足。我国农业科技队伍不稳，美国、日本、德国等发达国家每万名农业人口就有40多名农业科技人员，而我国仅有6名。由于科研经费不足和科技体制不合理，还有相当比例的农业科技人员处于闲置状态和流失状态。显然，上述状况与我国农业科技的任务和现状，乃至21世纪所要达到的目标是极不相称的。因此，加大对农业科技的投入，培养农业科技力量和推广队伍已成为亟待解决的难题。

8.2.3 我国农业科技发展的总体趋势

8.2.3.1 明确的发展方向

我们的基本国情决定了不断提高土地生产利用率是农业科技的主攻目标。西方国家以提高劳动生产率为主要方向的技术模式可以借鉴，但不能照抄照搬。劳动密集型技术与节约型技术是我国农业科技长期的主体。为了发展资源节约型和环境友好型农业，将要求我们更加重视效率问题。

8.2.3.2 研发与应用的有机结合

随着世界科技经济一体化趋势的加快，我国农业科技的现代化及创新机制将得到不断优化、强化，农业科技成果的产业化及其与生产经济结合的紧密程度也将加强，这既是当今世界农业科技发展的显著特征，也是扭转我国农业科技与生产体系相互脱节和农业科技含量低局面的必由之路。

8.2.3.3 高新技术将起主导作用

今后高新技术对农业科技发展的牵引力会越来越大。生命科学将成为21世纪的带头学科，生物技术在农业科学技术中的地位将更加突出，并在种植业、养殖业、林业及食品等行业中广泛应用，显示出新的农业科技革命的巨大威力，从而大大加快我国农业技术更新周期，缩短与世界先进农业科技的差距，推动我国农业科技整体水平再上一个新台阶。

8.2.3.4 综合科学将得到大力发展

目前，农业科技日益与物理、化学、生物学、社会、经济、工程技术等各个领域和学科之间形成一个密不可分的有机整体，预示着世界大科学时代的到来。重大的农业科学研究完全离不开先进的技术手段和农业技术的实践基础，离不开各种类型技术人员的合作。学科间的交叉、渗透、综合、技术集成已成为一种不以人的主观意志为转移的发展趋势。特别是自然科学与社会科学的紧密结合，尤其在实施可持续发展战略过程中，资源、环境、人口、政策等方面的研究以及取得的科技成果都将对农业发展产生不可估量的推动作用。科技管理体制改革也将成为促进科技进步和农业发展的重要因素。21世纪的农业科技将会向综合科学演变。

8.2.3.5 农业发展信息化

当前信息技术已经迅速渗透到社会、经济、文化和科学技术等各个领域，也逐渐渗透到农业科技的各个领域，有力地推动农业科技的发展。信息技术对传统农业的现代化改造将产生深远的影响。计算机信息技术将使经验型和分散型的农业技术趋于定量化、规范化和集成化;信息网络将克服农业分散性和区域性强的弱点而使信息资源得到有效利用和共享。许多农业科技成果将通过信息技术集成化,直接作出模拟,制成软件,对农业生产经营过程进行有效的监测和指导,并适时作出反馈修正,以保障高产、优质、高效农业与生态环境平衡发展目标的实现。信息技术还可以作为未来农业科技研究的重要手段,一系列全新的科学方法如系统方法、信息方法、控制方法、非线性科学方法等将不断发展并且在实际应用中得到完善。信息技术将为农业科技提供巨大的正能量。

8.2.4　农业科技的约束

8.2.4.1　农业科技体制和体系不能适应现代农业发展

我国农业科技体制不完善,存在着纵向联系不密,横向交流少,网断人散;惠农政策少,行政干预多,科技局、农机局不被重视等问题。前几年随着乡镇改革,乡镇的"八大站"全部取消,设立了农业科技服务中心,包含农、林、牧、机、水等专项技术服务,由1名科技副乡(镇)长兼职中心主任,下设办公室主任1名,有技术人员2~3名,负责农业的产前、产中、产后的全程服务和培训工作,并且还要承担不少乡(镇)行政事务,同上级主管局几乎没有太多联系,不能适应农业发展的要求。

8.2.4.2　农技人员少,科技贡献率低

一方面,我国农业科技人员总量严重不足。国家要求农业科技人员在农村的比例达到万分之三,可是在我国大部分农村只能达到万分之一,并且结构也不合理,素质偏低,思想不稳定,一有机会便跳槽到大中城市,流失严重,甚至出现科技人员断层的严重现象,与发展现代农业要求相差甚远。另一方面,由于农民科技意识的增强,缺少技术交流和培训的技术专干和示范户很难适应新的农业科技形势,但是素质较高的青壮年劳力外出打工、经商,留守

人员又很难掌握现代农业科技，造成我国农业一线人员技术水平偏低，产业结构不合理，资源不能得到优化配置。出现农业科技贡献率低的问题在所难免。

8.2.4.3 科技投入少、推广难

农业技术变化与资本在农业增长中的作用是密切相关的。因为农业技术的提高实际就是一个资本有机构成不断提高的过程，所以农业技术进步是资本因素在农业生产中起到重要作用的体现。相应地，资本更多地投入到农业生产领域，促使农业技术进步加快并使其在农业生产中得以普遍使用。尽管我国对科技的投入从2006年的1 688.5亿元提高到了2012年的5 600.1亿元，年增幅22.73%，7年累计达2.42万亿元，但是同发达国家相比还不算高，还要再增加投资。现阶段由于我国农民养老观念陈旧，很多人宁愿把钱存入银行防老，也不愿投资农业科技。农村商业银行存多贷少，尤其是触及各村的邮政储蓄更是多存少贷或不贷，绝大部分资金流向城市，农村资金被“抽水”，出现了“马太效应”。这样农民在改善农业生产设备，引进优良品种，需要大量资金投入时，得不到资金支持，农村金融几乎成为农业科技发展的瓶颈。

我国农村还普遍存在重科技开发、轻成果推广和应用问题，甚至有些地方科技推广呈瘫痪和半瘫痪的混乱状态，导致科研、推广、培训应用的脱节，使一些前沿的科研成果不能得到及时转化和推广，出现了“棚架”和“孤岛”现象，很多农民只能依靠传统经验进行农业生产。另外，农村劳动力转移，不利于农业生产和科技推广。进城打工是目前农民致富的捷径。通过外出打工，农民有了一定的经济基础，这对新农村建设和推进确实有巨大的推动作用。但是，在农业生产和科技发展方面，由于不重视农业，重工轻农现象十分严重，目前务农劳动力年龄偏大，文化程度低于外出劳动力，不利于农业科技发展。影响农业科技成果转化与推广的因素很多，概括起来主要有以下几个方面。

1. 缺乏适宜的替代技术

据农业发展理论，农业技术主要有以节约土地，提高土地产出率为主的现代生物技术和以节约劳动力，提高劳动生产率为主的现代机械耕作技术。我国农业生产的特点是劳动力充裕、资本稀缺、生产规模狭小、农民的文化和技术水平低。在此情形下，对我国来说，在多元化的技术供给中，要调整农业科研方向，牢牢把握住重视适合我国国情的生物技术、环保技术等技术的供给。农业生产持续的发展，要求新的农业技术连续不断地被创造出来，由于地区与地区之间的农业自然条件、经济条件和文化素质等存在着多样性，在某一地区被证明是成功的农业技术，直接转移到另一地区，多半是不成功的，这种情况对生物技术来说尤为重要。缺乏适宜的替代技术影响着科技成果的转化和推广。

2. 传播科技信息的渠道不畅

对已经发明出来的适宜的农业技术，不能及时地被农民采用，科技信息传播不畅是一个重要的原因。在农业部门传播科技信息存在着两个主要障碍：一是绝大多数农业人口居住在远离城市的闭塞地区或贫穷落后的山区。在这些地区，交通、邮电通信等设施匮乏，广播、电视、报纸、书籍等传播媒体难以发挥传播科技信息的作用。二是农民生活贫困，负担不起到外地寻求新技术的培训费用。诚然，政府可以建立科技推广组织，委派一些科技人员到乡村推广这些新技术，但这需要吸引和培训一定数量的农技员，而这些受到良好教育的人又不愿到乡村过艰苦的生活。况且，向高度分散的农民传播技术信息的成本很高，国家又缺乏足够的投资，目前，难以建成稳定、高效的农技推广网络。据 1993 年全国农业技术推广总站对 26 个省、市、自治区的统计，仅种植业系统县级推广经费全部或部分被削减的达到了 920 个县，占全国总县数的 43%，人员流失和提前退岗的达 4 000 多人，占县级推广人员总数的 4.4%。乡级机构推广经费全部或部分被削减的有 1.9 万个，占乡级推广总站数的40%，人员流失和提前退岗的有1.4万人，占乡级推广人员总数的15%。在全国74万个行政村中，有50%以上没有农业技术服务组织或农业技术员。这严重影响了农业技术成果的推广和转化。

3. 农民文化科技素质低

农业科技成果转化为现实生产力，不仅要求传播技术信息的渠道通畅，并且要求农业劳动者的素质与之相适应。据1990年全国人口普查统计：全国文盲、半文盲人口占总人口数的16%，而这些文盲、半文盲人口主要分布在农村。况且由于农业比较利益低，有一定知识和文化的农村青年又纷纷转向非农产业，导致现有的农业劳动者接受和应用新技术的能力更差。

4. 农民缺乏采用新科技的动力

农民不愿采用他们已知道的适宜的农业技术，是由于农民没能看到采用新技术的收益。实现新技术利益的主要障碍是采用新技术的风险和费用。比如，采用一个新的作物品种，需要投入一定量的新技术要素和具备一定的管理经验，在二者都具备的条件下，它的产量高于传统品种。但对于一个农民来说，可能由于新要素投入不足或管理上的失误而得到很低的产量，甚至颗粒无收。按照西方经济理论，利润是承担风险的报酬，生产经营者追求利润的最大化。但对于生活并不富裕的农民来说，他们追求的目标不是寻求利润最大化，而是生存机会的最大化和风险最小化。在一定的风险下，他们宁可采用风险极小的传统技术种植产量较低的作物。

5. 农民缺乏资金来源

不是所有的新技术都具有风险，当一种已被证明无风险的高效良种可以带来高收益时，从主观上讲，农民是非常愿意采用这种新技术。但客观上说，一般地，高产作物品种具有高化肥反应的特点，优良品种的使用必须与化肥施用量的增加相结合，才能提高单产。多数农民由于生活贫困,没有足够的资金来购买良种、化肥、杀虫剂、塑料薄膜等新技术要素,最终他们无力采用这种新技术。从理论上讲,农民可以向金融机构借贷,但放贷者因为农民偿还能力弱、拖欠的可能性大等因素而不愿以高利率向农民放贷。这样,农民在金融市场上很难或不能获得信贷资金,这就阻碍了农业新技术的采用。

6. 农业基础设施落后,缺乏必要的社会化服务

现在假如农业部门存在着可以采用的新技术,农民也了解并要求采用这种新技术,而且通过自己的储蓄或贷款能够向新技术提供资金。但即使这样,农民采用这种新技术还要受到农业基础设施如水利设施的制约。因为新型高产良种不仅需要化肥、农药等新技术要素的大量投入,并且对灌溉条件也要求很严格。若水利设施齐全,新技术的采用就会大大提高作物单产,获得很高的经济效益;否则,将达不到预期的收益。可是,我国的水利设施老化,80%以上的设施都处于疾病状态,并且我国每年缺水300亿m^3,受旱面积达到2 000万hm^2以上。此外,农民采用新技术还受到种子、化肥、农药、薄膜、仓储、运输以及销售服务等供给瓶颈的限制,如我国化肥的自给率只有60%~70%。这些瓶颈可能是由于国内生产能力不足或运输网络没有能力应付对其日益增长的需求或缺乏必要的社会化服务网络等因素所引起的。这在现实中已阻碍了新技术的采用和推广。

7. 现代农业技术与传统农业相比缺乏明显的优势

在研究和推广农业新技术的过程中,一方面,不太重视作物品种对新要素反应的研究,致使新品种在推广时,提不出最佳的经营体系;另一方面,不重视对新要素配合效应的研究,使得在新要素的供给方面不协调。比如化肥,由于N、P、K配合比例不合理,化肥与农家肥配合不协调,故化肥使用效果欠佳,化肥的利用率很低,我国化肥利用率只有30%~40%。结果造成新品种的优势不

明显，降低了农民采用新技术的热情，客观上阻碍了农业科研成果的推广和由潜在生产力向现实生产力的转化。

8.3 资本要素

资本要素包括资金和劳动力。在市场经济条件下，资本要素在新型农业现代化发展中作用突显。资本要素与新型农业现代化水平呈正相关性，直接影响着新型农业现代化其他所有要素的“三度”(维度、向度和速度)。在一定的条件下，当资本要素供给越充足时，则诸要素的数量就多、质量就优，就越能促进农业现代化水平的提高。当资金投入不足时，就会使其他要素的数量少、质量劣，特别是直接制约了一些可移动物质要素的数量和质量，例如种子、机械、农药、化肥等；当劳动力资本缺乏时，将对冲其他要素的投入。资金和劳动力的相对减少对新型农业现代化水平的提高起着直接的抑制作用。如果没有资本要素的有效参与，提高农业现代化水平就成为了无源之水、无本之木。

下面以开封市为例对农业投入问题进行简单论述。

8.3.1 开封市农业投入的基本情况

开封市各级政府和相关部门在全市经济实力十分薄弱的情况下，想尽办法、克服困难，逐年加大对农业生产的投入。2002～2013年，年均递增17.8%；国有商业银行及农村信用社农业贷款年均递增8.6%。

随着社会主义市场经济体系的逐步建立，农业投入的主体逐步趋向多元化，一些企业和集团也开始介入农业生产领域，初步形成了以“政府、集团、信贷、农户、外资等多位一体”的多元化投入格局。

8.3.2 当前开封市农业投入存在的主要问题

8.3.2.1 财政对农业投入的总量不足,结构不尽合理

2002～2013 年,财政对农业的投入仅占总投入的 4%,与农业和农村发展的形势及任务极不相称。值得注意的是,一些地方在执行过程中打折扣,甚至截留、挤占、挪用支农资金,从资金总量上削减了地方财政支农的规模。

同时,目前开封市有限的财政支农资金在支出结构上,还存在以下问题:首先是用于各项事业费的支出比重较大,而用于生产性的支出比重较小。2002 年,全市农、林、水、气象等部门的事业费比 1999 年增长 5 624 万元,增幅 84.83%,占财政支农支出的 73.8%。全市支援农村生产和农业综合开发等生产性支出比 1999 年仅增加 224 万元,增幅 6.48%,占财政支农支出的 26.2%,比 1999 年下降了 11.9 个百分点。2013 年支农投资有所增长,但是没有彻底改变“有钱养兵,无钱打仗”的局面。其次是间接支持多于直接支持。最后是支持对象单一。财政资金在使用对象上有三大局限:一是基本上只能用于国有、集体单位;二是主要用于非盈利性的事业单位;三是只用于农业本系统单位,一般不用于其他部门或系统的农业项目。这种做法不利于贯彻多种经济模式共同发展的方针,不利于调动全社会投资农业的积极性。

8.3.2.2 农户投入绝对数量少,增长缓慢

近年来,开封市农民由于受自有资金匮乏的束缚,没有能力增加投入;担心农业投入风险大,不敢增加投入;面对多变的市场,不知如何增加投入;认为农业投入效益低,不愿增加投入等,致使农户农业投入增长缓慢。2002～2013 年,开封市农户农业投入年人均仅 303.6 元,年均仅增长 4.8%(如扣除物价因素,增幅更小),一些年份甚至出现了负增长。这么少的投入与农业发展的现实与长远要求极不相称,根本无法改变农业基础设施薄弱、抗灾能力差

的现状，更不用说发展设施农业、高效农业等高投入现代农业了，改变农业的弱质性无从谈起。

8.3.2.3 信贷支农困难

一是金融机构对农贷款所占比重较低，2003 年底全市农业贷款仅占贷款总额的 13.3%，到了 2013 年，虽然贷款余额净增 143.8 亿元，增长 25.9%，增幅连续 3 年居全省第 1 位，新增贷款存贷比达到 83.8%，比上年高出 20 个百分点，高出全省 27.9 个百分点，但是对农贷款比重仍然不是很高。二是农村资金大量外流。首先是邮政储蓄部门凭着“存款不贷款，支付无风险”的宣传，存款快速上升，增长达百分之几百。仅开封县 1997 年邮政储蓄存款余额就达到 4 054 万元，占储蓄总额的 5.76%，到 2001 年底，邮政储蓄余额已达 11 773 万元，占储蓄总额的 11.62%，4 年时间，增幅高达 190.4%。其次是国有商业银行的发展战略向大中城市转移，县及县以下机构网点大幅减少，通过资金上存，实际上已成为上级行的“储蓄所”。五县一郊（当时统计区域，下同）国有商业银行上存资金达 13 亿元之多，占全部存款的 30%。再次是证券投资也分流了部分资金。据不完全统计，五县一郊居民用于证券投资近 1 亿元。三是农户从金融机构获得贷款难。据调查，开封市 80% 的农户有贷款欲望，而能获得贷款的农户只有 55%。四是小额信用贷款无法满足农民发展规模化种植、养殖业和发展农产品加工等产业化经营项目。还款期短，与林业、养殖业的生产周期不适应；额度太小，远不能满足农户需求。五是金融机构提供的服务比较单一。其突出表现是农业保险严重滞后，多数地区的农村基本上只有传统的存贷款业务，结算、保险、咨询等其他服务很少。

8.3.2.4 经济组织投资农业的积极性不高

由于农业保险体系、担保体系还很不完善，农业投入风险相对较大；再加上工商企业投入农业目前遇到的困难较多，得不到及时解决,影响了他们再投入的积极性。目前工商企业投资农业还处于起步阶段,有待于政府及有关部门进一步加强扶持和引导。

8.3.3 对开封市加大农业投入的展望

全面建设小康社会重点在农村,难点在农民,关键点之一在农业。开封市是农业大市,当务之急,必须尽快构建起财政投入启动、信贷投入助推、农民投入为主、社会广泛参与的多元化投入机制,进一步加大对农业的投入力度,增强农业的基础地位。

8.3.3.1 完善政府投入机制,规范政府投资行为

一是要从根本上矫正政府投入的非农倾向。特别是要解决好政府财政在农田水利建设、大型农机具更新、农业科研经费和科技推广方法等基础设施方面欠账较多的问题。二是增加财政对农业的投入。考虑到开封市农业生产及农村全面建设小康社会的要求,今后农业财政支持政策的基本取向就是采取有效措施,逐步提高财政支农支出比重。三是要建立政府对农业投入的法律法规约束机制,规定政府对农业投资的份额及递增比例。四是建立支农投入的竞争机制,调动各级政府、各部门增加农业投入的积极性,切实保证农村资金取之于农,用之于农。

8.3.3.2 建立农户投入机制,稳定农业投入来源

一是要教育广大农民明确自己是农业投入的主体,引导农民增加对农投入,自觉增加生产积累;二是政府部门要尽快对农业基础设施进行修缮,增强抵御自然灾害能力,为农户自愿投入奠定可靠的基础,为农民自立创收创造条件。要加快从管理型政府向服务型政府转变,当好农民的引路人、参谋和助手,加快农业和农村经济发展;三是政府要千方百计地帮助农民创收,扎实推进农村税费改革,坚决制止乱集资、乱摊派、乱收费行为,切实减轻农民负担,确保农民积累生产资金再投入;四是要建好各类培训学校,抓好农民的智力开发,培养适应现代化农业生产需要的高素质从业

人员，确保农业的智能开发；五是政府要引导农民尽快调整产业结构，跳出传统农业的圈子，发展高效农业、创汇农业、订单农业、信息农业、生态农业，提高农业的投入与产出比。

8.3.3.3 建立信贷投入机制，加大农业投入力度

一是进一步明确和强化政策性金融支农作用。首先，调整农业发展银行的业务范围，允许其开办农业综合开发贷款、粮食生产专项贷款、农业基础设施建设贷款和扶贫贷款等业务。其次，建立政策性金融的财政补偿机制。建立支农风险基金，提供贴息和呆账损失的弥补，用少量的财政补贴引导社会资金流向农业和农村经济。通过发行金融债券等渠道，增加农业发展银行资金。可将邮政储蓄的一定比例用于购买农业发展银行的债券。同时，尽快制定农业金融的专门法规或条例，对政策性金融的经营宗旨、经营原则等加以明确，确保其稳健持久运营。二是加大政策和法律引导，发挥商业银行的支农作用。引导商业银行为县域经济特别是农业和农村经济提供金融服务，增加信贷投入。要明确规定商业银行有义务为其经营业务所在区域提供金融服务，引导商业银行把一定比例的资金用于农业和当地社区。要对商业银行的结构进行改组，没有能力在当地放款且达不到一定比例的机构可以让他们撤掉网点，让出存款市场。三是深化农村信用社改革，完善农户小额信贷机制。要认真总结试点经验，加大工作力度，加快农村信用社改革步伐。信用社的改革必须坚持为“三农”服务的宗旨，扎根农村，贴近农民，坚持为农业、农村和农民服务的市场定位，把农村信用社办成自主经营、自我发展、自我约束、自担风险的社区性地方金融机构。要防止出现地方对信用社业务的过多干预或信用社脱离农村的倾向。必须坚持政企分开原则，按照市场经济的要求，更大程度地发挥农村信用社在农村金融资源配置中的基础性作用，增强他们的活力和竞争力。根据农民的承受能力，适当增强农村信用社存贷款利率的灵活性，提高信用社吸收存款的能力，降

低经营成本。可以考虑减免农村信用社的营业税和所得税。增加中央银行对农村信用社的再贷款。对农村信用社的历史包袱应采取有效的财政政策和金融政策逐步消化。特别是对粮食主产区，支持的力度应该更大一些。四是组织和引导各种民间资金更好地为"三农"服务。应当按照中央有关文件的要求,建立在农村发展直接为"三农"服务的多种所有制的金融组织,充分利用和引导民间的各种资金为"三农"服务,重视民间金融市场在农户生产和生活中发挥的积极作用。要从法律上承认和规范民间借贷活动,保护借贷双方的正当权益,可考虑成立一些小型金融组织,以把民间借贷纳入轨道,使之成为农村金融活动的补充,为农村的改革和发展发挥更大的作用。五是建立和完善农村金融风险规避机制,培育良好的农村信用环境。要加快建立和完善政策性农业保险制度,建立多种形式的农业保险组织,在资金、税收、再保险等方面给予支持。要加快培育开封市农业信用担保体系建设,缓解农民贷款抵押、担保难等问题。建议开封市尽快研究实行多种形式的抵押、质押办法,鼓励政府出资的各类信用担保机构积极拓展农村担保业务,有条件的地方可设立农业担保机构,建立担保基金。鼓励商业性担保机构开展农村担保业务,积极发展农村互助担保组织。进一步提高农民信用意识,同时依法查处恶意逃避债务的行为。

8.3.3.4 建立多种经济组织投入机制,激励社会资金投入农业

财政投入农业的资金是有限的,工商企业以各种方式介入,不仅加速了农业现代化过程中的技术变革,而且在一定程度上可以改变农业的弱势地位,为农业现代化吸引更多的外部资金。因此,应充分发挥工商企业等多种经济组织投入农业生产的积极性。要制定政策,采取措施,引导、鼓励和支持工商企业、个体经营户等经济组织投资效益农业。对工商企业创办的农产品基地和农业经济实体承包农村集体土地建立种养业生产基地、引进种子种苗和农业科技项目,对基础设施、水利设施、基地生产性设施的投入应给

予一定的优惠政策;工商企业参与农业产业化经营,要按先发展、后规范的办法实行,以减轻他们的负担。

8.3.3.5 建立外资投入保护机制,拓宽农业投入渠道

目前,利用外资投入也是解决农业投入不足的一种有效的方式。在大力引进外资的同时,要建立外资投入保护机制,确保外资投入的积极性、长期性、有效性。一是政府要制定优惠政策吸引外资,加快小城镇建设,大力发展私营企业、民营经济,刺激外资不断进入。二是要以地方法规的形式切实维护外来投资者的合法权益,给外来投资者系上一个牢固的“安全带”。三是对外来投资者要一视同仁,不得有任何歧视、排斥,营造公平竞争、友好、互利的投资环境。四是当地政府和有关部门要积极为外来投资者排忧解难,及时为其提供政策、法律、咨询、信息、技术、销售等多方面的服务,用宽松的政策环境、有效的法律环境、高效的服务环境、良好的投资环境、诚信的道德环境和有序的市场环境吸引众多的投资者。

8.4 制度要素

制度是一种行为规则,涉及经济社会的各个方面,常常以政策、法律、经营行为和生产方式等形式表现出来。在本书研究的新型农业现代化的所有要素中,制度要素是灵魂要素,是统帅要素,起着导航作用。如果只有一定的经济技术条件而没有制度要素,就会阻滞新型农业现代化的发展,也很难形成农业综合生产能力。如果制度要素的供给既及时,又科学合理,则科技要素的数量就多、质量就好,科技转化率就高;反之,会直接产生出完全不同的效果。制度要素与农业综合生产能力其他要素的结合,也具有上述的一些特点和特征。制度要素是促使新型农业现代化诸要素达到帕累托最优状态的催化剂,是增强农业综合生产能力的关键要素,表现出了动态的统领性,起着顶层设计作用,直接影响着其他要

素,不同的制度供给会产生不同的农业综合生产能力。

制度要素与其他要素相结合,呈现出三个特点:一是动态、适时、适量、适度;二是紧密不可分离;三是“四两拨千斤”。先进、科学、合适的制度比较成本较低,效益较高,落后的制度造成的恶果非常的大。制度要素直接引导和结合其他要素,促进着其他要素的发展,直接影响科技要素、资本要素、可移动物质要素、社会化服务要素、信息要素等的质量的提高和数量的增加,直接或间接地影响着其他诸要素,具有正相关性,从而影响着农业综合生产能力的发展。制度要素是促使诸要素达到帕累托最优状态的催化剂,是增强农业综合生产能力的关键要素。

具体来说,首先是制度要素与科技要素的结合。制度要素与科技要素的结合具有适时性和紧密性的特点。不同的制度要素与科技要素相结合,会直接产生完全不同的效果。例如对农业科技人员的奖励和评价制度不合理,对农业科技成果转化的制度不合适,农业科技推广机制和体制不完善等,都会直接制约农业科技研究成果的数量、质量和农业科技的普及程度,进而制约农业综合生产能力的提高。在其他条件不变的情况下,如果制度要素的供给既及时又科学,则科技要素的数量就多、质量就好,科技转化率就高,农业综合生产能力就能提高。其次是制度要素与资本要素的结合。在市场经济条件下,追求利润是资本的本性,也是资本得以存在的根本所在。所以,制度要素要适应资本追求利润的本性,以尽可能多地吸引国内民间资本和国外资本进入中国农业领域。应加大公共财政资金对提高农业综合生产能力的投入力度。制度要素对资本要素的投入,表现为政府增加各种有效的、具体的顶层设计和制度安排,使资本要素更多更快地进入农业领域。制度要素投入的成本很低,但所产生的绩效却是非常巨大的。再次是制度要素与自然要素的结合。在相当长的时期内,现有的科技条件下,可以说没有农地就没有农业。不同的制度要素与农地等自然要素结合,形成不同的农业综合生产能力,产生完全不同的经济效益、社会效益和生态效益。目前,中国农业综合生产能力中的制度要素与农地要素的结合,主要体现在我国《土地管理法》中,表现为土地所有权归农村集体,农民拥有土地的承包权、经营权、收益权。这种制度安排在一定程度上限制了农业现代化的发展和推进,并且在具体的实施中出现了很多问题,影响了经济效益和社会效益的提高。当前出现的失地农民问题及征地补偿费较低等问题,就很难得到彻底的解决,从而降低了经济社会效能。另外,制度要素与自然要素、劳动力要素、社会化服务要素、市场要素、信息要素等的结合,也具有上述一些特点。组成农业综合生产能力的诸要素是既相对独立,又互相联系,紧密结合成一个有机的统一体,共同影响着经济效益、社会效益和生态环境效益。如果结合得好,这个有机的统一体的质量就会较高,形成的合力就会较大,农业综合生产能力和粮食综合生产能力就会增强,共同产出的农业经济效益、社会效益、生态环境效益就较高;反之,农业综合生产能力就不能得到提高,粮食综合生产能力就得不到进一步的发展,三大效益就会降低。

下面对影响我国新型农业现代化发展的一些制度进行简要论述。

8.4.1 农村土地制度需要改革

近年来,随着我国农村经济的迅速发展,农村土地制度成为农民收入增长的一个瓶颈,所暴露出来的局限性是显而易见的。我国实行的土地制度主要是家庭联产承包责任制,它是以个体家庭为生产主体,小规模经营,已经无法适应现代社会化大生产。它不利于集约化生产和规模化经营,达不到现代农业的要求,同时增加了生产风险。尽管近几年一些地方也实行了土地经营权的流转,但是效果不是太明显,也不是太理想。

8.4.2 农村金融体制需要完善

随着经济的发展,农村对金融业需求也日趋多样化,但是由于农村金融发展滞后,严重制约了农村经济的发展。这主要表现在农村金融部门单一,真正起作用的只有农村信用社和农业发展银行,其他商业银行很少有涉农行为,几乎没有对农业发展进行直接支持的。尽管农村信用社和农业发展银行是农村金融的主力军,可是由于体制、网络规模和竞争力等问题,效率还不是太高,还无法在更大范围内协调和调度资金,农村金融供给和需求之间存在着明显的缺口,还不能有效支撑新型农业现代化发展。

8.4.3 支农政策

8.4.3.1 **粮食补贴政策**

从2004年开始我国先后出台了一系列粮食补贴政策,对种粮农民进行直接补贴,即粮食直补、良种补贴、农资综合补贴、农机具补贴等,取得了积极效应。其中,粮食直接补贴政策不论是资金所占比例,还是产生的政策效果都表明它是目前我国粮食补贴的主要方式。随着公共财政覆盖农村范围的不断扩大,各级财政对"三农"的投入逐年增多,补贴资金也在不断增加。实践证明,这些粮食补贴政策在客观上确实起到了提高粮食产量、增加种粮农民收入、保护农民利益的作用。但是对农民的直接补贴,出现了补贴刚性增长的需求与补贴边际效应的递减现象,这也是世界各国在完善补贴政策过程中都会遇到的普遍问题。补贴政策第一年,补贴从无到有,调动农民种粮积极性,边际效应最高。一旦补贴稳定下来,成为农民相对稳定的收益,政策的边际效应就会递减,并且会出现不少令人不满意的地方:例如种粮比较效益低与鼓励种粮的矛盾越来越突出,生产激励效应不明显;对提高农民的收入作用有限,农民获得的收益较小;惠农政策出台,生产资料价格随之上涨，消解了直接补贴的效益。这些现象的出现主要是政策准备不充分、方案不明确，影响了我国粮食直补政策的效果。另外，还存在着资金来源、粮食补贴依据不统一和补贴标准差异大等问题。粮食补贴是一项涉及面广、难度大的工作，它工作量大、开支大，纠纷多，协调困难，执行成本比较高。

8.4.3.2 粮价保护政策

目前，我国政府为了保障粮食安全，除采取粮食补贴政策外，还采取了很多有效措施，并取得了可喜的成效。例如采取农业税免除、粮食最低收购价格、国家粮食储备、严格控制耕地减少、加大农业科技投入、严格控制人口增长等。

实行粮食最低收购价政策，是国家调节粮食供求关系的重要手段，是促进农民种粮的有效政策。它能提高粮农生产积极性，平衡我国粮食供求，增加粮食储备，引导和稳定市场上的粮食价格，保障粮食安全。目前我国粮价保护政策主要体现在粮食最低收购价格上。

自 2004 年以来，我国不断完善粮食最低收购价政策，并逐步提高小麦、稻谷最低收购价，尽量合理地安排收购时间，扩大收购范围，促进了粮食市场的稳定。从 2010 年国家对新粮上市每 50 kg 红小麦、白小麦（三等）、混合麦最低收购价分别提高到 86 元、90 元、86 元，比 2009 年均提高 3 元；每 50 kg 早籼稻（三等）、中晚籼稻、中晚粳稻最低收购价格分别提高到 93 元、97 元、105 元，比 2009 年分别提高 3 元、5 元、10 元。稻谷总体提价幅度较大，有利于进一步发展稻谷生产，特别是引导农民扩大优质稻生产，改善稻谷生产结构，更好地满足消费者不断增长的需求。为了调控农产品市场，国家还实行了临时收储政策。2008 年以来，针对部分农产品出现的价格下跌及卖难现象，国家适时出台了临时收储政策，对玉米、大豆、油菜籽等进行收储，支持和鼓励企业积极参与，并且健全了国家收储农产品的拍卖机制。虽然当时粮价保护取得了很大的作用，但是它一定程度上也掩盖了市场供求的实际情况，误导了不少地方的农业发展方向，导致了部分粮食结构性过剩，从客观上来说，它阻碍了调整粮食结构，也降低了部分农民生产的积极性。下面本书对我国粮食最低收购价政策进行一些论述。

1. 粮食最低收购价政策渊源

粮食最低收购价政策，是指一个政府每年制定出一个粮食最低收购价格，当市场上粮食收购价格低于国家指定的最低收购价格时，由国家收购农民手中的粮食；当市场上粮食收购价格高于国家指定的最低收购价格时，任由市场上自由买卖，政府不予干涉。它是一种粮食价格保护政策，是一种国家粮食价格直接干预政策，属于政府指导的价格形式。它对保护粮食生产积极性、增加粮食供应、提高国家粮食储备水平、平抑粮食价格都起到了非常重要的作用。

我国政府是从2004年开始实施粮食最低收购价政策的，实施对象为水稻，当时主要在7个粮食主产省实施。2004年3月27日，国家发改委、财政部等部门联合发出通知，宣布当年早籼稻最低收购价格为每500 g 0.7元，中晚粳稻为每500 g 0.75元，中晚籼稻为每500 g 0.72元。2006年度，我国对粮食最低收购价政策进行调整，实施对象增加了小麦这个品种。规定白小麦最低收购价格为每500 g 0.72元，红小麦和混小麦为每500 g 0.69元，在6个小麦主产省实施。2008年，国家两次调高粮食最低收购价格，白小麦每500 g 0.77元，红小麦和混小麦每500 g 0.72元；早籼稻每500 g 0.77元，中晚籼稻为每500 g 0.79元，中晚粳稻为每500 g 0.82元。2009年，又进行一次粮食最低收购价格调整，将白小麦提高到每500 g 0.87元，红小麦和混合麦提高到每500 g 0.83元；早籼稻为每500 g 0.90元，中晚籼稻为每500 g 0.92元，中晚粳稻为每500 g 0.95元。2009年10月14日，国家发改委报经国务院批准，又一次提高了2010年我国小麦的最低收购价格水平，白小麦每 500 g 0.90 元,红小麦和混合麦每 500 g 0.86 元。同时宣布,早籼稻每 500 g 0.93 元,中晚籼稻每 500 g 0.97 元,中晚粳稻每 500 g 1.05 元。

总之,我国粮食最低收购价政策从 2004 年开始,已经走过 10 年路程。除 2005 年、2006 年和 2007 年价格未动外,其余年份均有所提高。白小麦提高 25%,红小麦和混合麦提高 24.6%,早籼稻提高 32.9%,中晚籼稻提高 32%,中晚粳稻提高 40%。

2. 粮食最低收购价政策成效显著

我国粮食最低收购价政策实施以来,已经显现出了较大成效。主要表现在以下几个方面。

1)粮农积极性提高,粮食总量增加

据统计,2004～2009 年我国粮食总产量提高 13%。我国人均年粮食拥有量达到了 400 kg,已经接近世界人均年粮食拥有量 420 kg 的水平,保证了市场粮食的供给。

2)粮农收入增长

10 年来我国制定的粮食最低收购价格比粮食市场价格每 500 g 高 0.10 元,粮食最低收购价格基本上起到了引导粮食市场价格的作用。因此,广大粮农每销售 500 g 粮食平均就要提高 0.10 元的收入,如果按照 30% 的粮食商品率估算,这一政策已经增加了粮农收入约 3 000 亿元,为我国农民人均收入迈上 5 000 元大关做出了贡献。

3)国家储粮增加,平抑了市场粮价

国家粮食最低收购价格和粮食储备政策是配套进行的。中国储备粮管理总公司是粮食最低收购价政策的执行者,以最低收购价格购进的粮食的粮权归国务院所有,由中央统一调配,主要手段是先由国家储备起来,以后再适时顺价拍卖,从而达到平衡市场供求关系、稳定粮食市场销售价格的目的。有关资料显示,从 2004 年起到 2010 年止,我国已经收储粮食 6 300 亿 kg 左右,国家粮食储备量已经达到了 3 500 亿 kg 左右，超过了联合国制定的全国消耗量 17%～18% 的标准。数额巨大的粮食储备，毫无疑问能稳定我国国内成品粮的销售价格，稳定粮食市场。例如在 2008 年，由于世界范围内的自然灾害，国际市场粮价暴涨，在当时某段时间内国际粮价一度达到国内市场粮价的 4 倍。但是由于我国储粮丰富，在适当的时间，国家 4 次适时抛售储备粮食，就这样有效地平抑了国内市场粮食销售价格，这创造了我国在世界粮食价格史上的奇迹，有力地确保了我国粮食安全。

4）粮食流通体制改革平稳进行

尽管粮食需求价格弹性几乎为零，可是由于它是关系国计民生的战略性物资，所以任何国家都不会对其流通听之任之。这就需要找到一个平衡点，既能推进粮食流通市场化，又能适度干预粮食流通，既避免国有粮食企业垄断经营，又避免粮食流通的完全失控。我国实施的粮食最低收购价政策既避免了国有粮食企业的完全垄断，又保证了国有粮食企业在流通市场上的主体地位；既放开了粮食价格，又能够把粮食价格适度掌控在国家手中，使之比较平稳地运行。最近几年来，我国粮食流通体制改革推进得非常顺利，这也从一个侧面证明了我国实施粮食最低收购价政策是适应了市场经济的发展，是正确、科学的。

3.粮食最低收购价政策存在的主要问题

我国粮食最低收购价政策是成功的、及时的和不可替代的，但也存在诸多问题，必须克服和改正，以便使粮食最低收购价政策发挥出更大作用。

1）粮食最低收购价参考标准低

在全国的粮食最低收购价格制定中依据标准不统一。主要有三种观点：一是粮食生产成本为依据；二是粮食生产成本加平均利润；三是粮食生产成本加适当利润。目前大多数人持第一种观点。在我国城乡经济发展水平仍然存在较大差距的今天，工农业产品价格剪刀差的存在是客观的,粮食市场价格偏低也是现实存在的,必须由国家制定最低收购价格来支撑或托高粮食市场价格。国家每年公布的粮食最低收购价格,事实上已经成为粮食市场价格波动的中心。如果把粮食生产成本作为粮食最低收购价格制定的依据,农民将无法获取利润,势必会挫伤广大粮农的生产积极性。如果把粮食生产成本加平均利润作为最低收购价格的依据,这相当于国外的粮食目标价格,应该作为广大粮农种粮的总收入依据。我国除实施粮食最低收购价政策保护粮农利益外,还实施了粮食直补、良种补贴、农业税免除、农机具补贴等措施,所以以此作为依据显然也是不合理的。本书认为第三种观点具有可行性,即以粮食生产成本加适当利润作为粮食最低收购价格制定的依据。粮食生产成本可以采用全国平均粮食生产成本,适当利润可以选用全国较低工业部门的平均利润。

河南省发改委价格成本调查队统计数据显示:2009 年全省小麦亩产 419 kg,亩成本 428 元,亩产出 723 元,亩纯收益 295 元,成本收益率为 69%。但上述生产成本核算的项目是不全面的。首先是半年土地租金没有核算,这一项大致应有 200 元;其次是费用利息没有核算,这一项大致应有 23.50 元;再次是生产工具折旧没有核算,这一项大致应有 20 元;还有一些项目折算不准确。比如:用工折价偏低,他们的数据是每亩地用工为 2 个,折价 60 元,作者认为这个数据是不准确的。种植 1 亩小麦,从种植到除草护苗、施肥管理、收割晾晒,没有 10 个工作日无论如何是不行的。按照进城农民工全国平均月工资 1 000 元计算,用它除以 22 天,每天收入 45 元左右,仅这一项,就应该为 450 元。按照一般的方法进行核算,种植 1 亩小麦的成本应该为1 041.50元。每亩产出为 723 元,纯收益为 -318.50 元。成本收益率为 -31% 左右。显然,依据我国最低收购价格标准出售粮食,广大粮农得到的仍是负利润,最低收购价格制定明显偏低。

2)麦稻配比价格不科学

当前我国小麦最低收购价格偏低,水稻最低收购价格相对偏高,应该改变这种不合理的比价关系。据辽宁省物价局调查监审分局提供的数据,2009 年辽宁省水稻生产成本每亩大约为 632 元,亩产 571 kg,亩产出为 1 050 元,亩纯收益为 418 元。上述数据仍然存在着成本核算项目不完全和部分项目核算标准偏低的问题,经调整以后, 其生产成本应该为每亩 1 119. 50 元,亩纯收益为 -69. 50 元,亩纯收益率为亩 -6. 2%。很明显,调整后的小麦每 500 g 生产成本为 1. 25 元,水稻每 500 g 生产成本为 0. 98 元。换句话说,就是每 500 g 小麦的生产成本高于水稻,但是当前我国粮食最低收购价格标准却是水稻高于小麦,显然,两者的比价不合理。

3)实施范围小

我国粮食最低收购价政策实施的地区仅限于水稻、小麦的主产省,其中水稻为 7 个省,小麦为 6 个省,一共为 13 个省,而 11 个粮食供求基本平衡省、7 个粮食主销省则不实行这一政策。换句话说,我国粮食最低收购价政策的覆盖面仅为少数省份,大部分省份粮农享受不到这样的惠农政策,这样的做法不足以真正保障我国的粮食安全。

4)收购品种不多

我国从 2004 年开始实施粮食最低收购价政策,涉及的粮食品种仅为水稻一种,2006 年才增加了小麦。从 2008 年开始,我国又对玉米、大豆实施了临时收储政策,但这种临时措施没有连续性和规范性。因此,我国粮食最低收购价政策针对的品种仍然只有水稻和小麦,品种偏少,有待及时扩大保护品种,增加价格保护比重。据统计,我国粮食产量中,水稻、小麦两种粮食的产量仅占 60% 左右,而玉米、大豆的产量要占 30% 以上。因此,仅对水稻、小麦实施最低收购价政策还不足以保障我国的粮食安全。

5)实施主体狭窄

我国粮食最低收购价政策实施的主体是中国储备粮管理总公司系统。它是一家经国务院批准组建的涉及国家粮食安全和国民经济命脉的国有大型企业,是国资委直接管理的特大型中央企业,拥有24个分公司和3个子公司,拥有庞大的粮食收储和运输网络。把它作为我国粮食最低收购价政策执行主体是无可厚非的,但是把它作为唯一的执行主体就有失妥当了,不符合我国粮食购销主体多元化体制改革的方向。目前,我国粮食购销企业达5万余家,从业人员达300万余人,把他们一律排除在粮食最低收购价政策执行主体之外显然是不妥当的,必须充分发挥这些企业的参与积极性,让它们与中国储备粮管理总公司系统企业和员工一起,为保障我国粮食安全做出应有的贡献。

6)时间短

2009年我国政府规定,粮食最低收购价政策实施的时间仅为一个半月,即从7月16日开始至9月30日结束。在一年中的其余时间将不再收购。显然,这个时间段太短了,如果在一年中的其余近10个月的时间粮食价格大幅下跌,广大粮农的利益将得不到有效保护。

7)价格形式少

我国收储的粮食销售方式有三种,即定向销售、包干销售和拍卖销售。这三种销售方式都是一种集中销售方式,定向性较强,门槛较高,批量较大,参与企业较少,导致价格的灵活性、多样性不够,影响了我国最低收购价格储备粮调节供求、准平价格功能的发挥,同时也降低了它们的经营效益。特别是我国强行切断了这部分粮食与国际市场的联系,仅局限于国内市场销售,没有把国内和国际两个市场协同运作,缺少了国际市场价格成分,市场价格的灵活性、波动性、科学性和合理性无法得到正常体现。

8)差价体系不健全

目前我国差价体系主要包括地区差价、时间差价和品种差价等。我国实施的粮食最低收购价格的地区差价缺失，即全国只有一个价格，这是很不正常的，原因是每个省每个地区的粮食生产成本存在着较大差距。我国实施的粮食最低收购价格的时间差价空缺，即全年只有一个价格，这也是很不科学的。因为一年中粮食收储成本和供求存在着明显的差距。我国实施的粮食最低收购价格的品种差价也偏少，像小麦有 3 种，实际上也只有 2 种，因为红小麦和混小麦的价格是一样的，水稻有 3 种。仅有这样的品种差价，根本体现不了优种高价、劣种低价原则。

尽管这几年国家发改委一再公布提高最低收购价，但是我国粮食最低收购价格的差价体系没有量化、细化。例如 2012 年 9 月 28 日，国家发改委继续在小麦主产区实行最低收购价政策，并适当提高 2012 年最低收购价水平。2012 年生产的白小麦（三等，下同）、红小麦和混合麦最低收购价均提高到每 50 kg 102 元，比 2011 年分别提高 7 元、9 元和 9 元。2013 年稻谷、小麦最低收购价分别提高到每千克 278 元、2.24 元，6 年累计分别提高 1.34 元、0.82 元，提高幅度分别为 92%、57%。小麦最低收购价格的提高，对调动农民种粮积极性，进一步促进粮食生产发展起到一定的积极作用。但是，国家出台的小麦三大品种一个价格，没有体现出品质差价，对小麦生产、购销产生了一定的影响。

9)资金供给渠道不畅

农业发展银行是目前我国粮食最低收购价格信贷资金的主要提供者。农业发展银行是一家政策性国有银行，归国务院直接领导。主要业务是办理粮棉油等主要农副产品的国家专项储备和收购贷款，不以盈利为目的，旨在贯彻落实党和政府涉农的金融政策。总行设在北京，另外，在全国各省（区、市）设立了 30 多个分行，在市、县、乡也基本上都设立了分行、支行和信贷组，已经在全国建成了粮食收购价资金供给网络。2004 年以来，该行共为粮食最低收购价格政策贯彻落实提供资金多达10 000多亿元，为我国粮食最低收购价格政策贯彻落实做出了较大贡献。但由于时间短，业务量大，有时也存在着资金供应时间较长、手续繁杂、资金不能及时足额到位等现象，致使个别基层粮食收购企业出现给粮农打白条的现象。

10）主体管理不到位

一是对中国储备粮管理总公司的管理。中国储备粮管理总公司有时对国务院、国家粮食局的指示不能雷厉风行地贯彻执行，存在着拖拉敷衍现象。比如我国粮食库容仍然不足，地方储备计划普遍没有完成，经济效益普遍低下，储备粮的保值增值工作做得不够，储备粮的品种结构存在缺陷，布局网点不够优化，储备粮管理费用不断上涨，全国储备粮各地补贴标准高低不一，效果不均。

二是对农业金融系统的管理。农业金融系统虽然在推进和保障我国粮食最低收购价格政策上发挥了重大作用，但由于管理力度不够，仍然存在着企业贷款手续繁杂、运作环节多、时间区间长、忽视成本管理、成本价格偏高、协同运作不够等问题。

三是对委托粮食收购站点和储备库的管理。中国储备粮管理总公司的收购站点和储备库严重不足，需要委托大量的粮食收购站点和粮食储备库，由于管理上不完善，粮食收购站点和粮库存在不少问题。例如，粮食收购中的压级压价或抬级抬价；售粮款不能及时发放到农民手中；有时工作人员态度生硬，甚至拒绝收购粮食；虚报储粮数量，骗取储粮补贴；对于国家粮食调拨计划置若罔闻、拖延塞责等。

最后是对所涉官员和工作人员的管理。我国粮食收储系统是一个腐败的重灾区，因为它是一项政策性的工作，因而权力寻租现象比较严重。比如在政策性贷款中，在委托企业选择任用上，在粮食收购、储藏、运输和销售过程中，弄虚作假、瞒天过海、以无充有、以次充优、权钱交易、索贿受贿、贪污盗窃现象无处不在,已经到了非常严重的地步。

由以上分析可以看出,新型农业现代化诸要素之间既相对独立,又互相联系,紧密结合成一个有机的统一体,共同作用于农业生产全过程。如果结合得好,那么这个有机统一体的效益就会高,形成的合力就会大,新型农业现代化水平就高,农业综合生产能力就会强;反之,将会直接降低新型农业现代化的三大效益。

总之,新型农业现代化就是以粮食优质高产为前提,以绿色生态安全、集约化标准化组织化程度高为主要标志,以基础设施、机械装备、服务体系、科学技术和农民素质为支撑的农业现代化。在这方面世界发达国家农业现代化发展经验值得我们研究和借鉴。

8.4.3.3 政策性农业保险

1. 制度方面

1)立法滞后

在国家积极推进政策试点的变革时期,到目前为止还没有一部类似于"农业保险法"的法律法规,基层政府贯彻政策性农业保险(简称农保)无法可依。我国只是在2009年10月1日起实施的《保险法》的第一百八十六条提到过农业保险,即国家支持发展为农业生产服务的保险事业,农业保险由法律、行政法规另行规定。所以,国家政策性农保法制化还有不短的路程要走。

2)缺乏风险准备金制度和巨灾风险分散机制

农业是弱势产业,具有很强的脆弱性,生产容易受巨灾风险事故的威胁,自然灾害每年都在我国不同的地区发生。建立巨灾风险准备金在农业发展上具有巨大作用。但是,我国绝大部分省区还没有建立起巨灾风险分散和准备金机制,巨灾风险只能由农业保险经营机构独家承担。所以,在这一方面还有待于建立、加强和完善。

2. 政府方面

1)引导力度不大

尽管政策性农业保险这几年在我国取得了一定的进展，但地方政府对于政策性农业保险的引导力度还不够。基层政府肩负着政策性农保的宣传、推广和普及责任，这主要依赖于基层政府执行态度和服务水平，基层政府在政策性农保方面有着不可推卸的责任和义务。所以，要认真学习、贯彻和执行党中央关于支持农业经济发展的各项相关性政策，在基层群众中进行大力宣传和引导。但是，一些地区的基层政府恰恰与之相反，对农保不重视。

2)缺乏长效机制

虽然地方政府对农保支出给予了一部分财政补贴，解了燃眉之急，但是并没有建立应对的长效机制。如果发生大灾难，地方财政很难支撑，这样将造成农民生产情绪的低落和农村经济社会的倒退。

3)行政色彩浓厚

一些地方政府常常利用行政命令将任务层层分解至各乡镇，并严格要求全部按期完成；有些地区将参加农业保险与粮食补贴等政策直接挂钩，偏离了党中央关于政策性农保的支持方向。甚至地方政府在对承保公司的选择上采取内定的方式而非公开招标的方式产生，造成人为的不公正，不利于农保体系的优化，不能保持农保市场有效的供需平衡和农保资源的自由流动。

3. 保险机构方面

1)专业人才匮乏

目前我国农保专业人才数量少，不能满足政策性农保的需要。一些非专业人员不能够准确把握国家农业保险政策，致使政策走样变形。由于专业人才匮乏，现在表现出来的最突出问题就是核损的科学性和准确性常常遭到质疑，争议和纠纷不时出现。

2)商业保险公司不能积极参与和倾力支持

我国农业保险前景不容乐观。由于我国农业保险的赔付率不断攀高,目前一般都在60%以上,如果再加上20%的经营费用和管理费用,赔付率一般都在80%以上,甚至会超过100%,那么这对于以盈利为目的,追求利益最大化的商业保险机构而言,不是利好消息。这种情况使商业保险公司出现了"避而远之"的现象。商业保险公司的消极参与及农民薄弱的参保意识使我国农业保险工作举步维艰。

4. 农民方面

就整体而言,我国农民对政策性农业保险有效需求不足。第一是政策性农保的高成本与家庭低收入之间有矛盾。目前我国农业发展正处于传统化向现代化的过渡时期,农业基础薄弱,区域之间发展不平衡,缺乏收入保障机制,在一些地方农保支出超出了农民的承受能力。第二是家庭联产责任承包制造成我国农业生产分散化经营,小规模的土地经营模式弱化了农业保险的经济保障功能。第三是农民对我国长期实行的巨灾中央财政拨款救助制度有依赖心理,认为政府不会不管他们的损失,缺乏主动防范和规避风险的意识和能力。

5. 发达国家政策性农业保险的经验及启示

1)政策性农业保险的概念界定及特征

政策性农业保险是相对于商业性农业保险而言的,是国家对关系国计民生的重要农畜产品而设计实施的具有政府扶持性的一种制度安排,目的是降低农业的风险,保障农产品的供给,增加农民的收入,促进农村社会稳定和发展。它是农业保险的一部分,是农业保险的一种特殊形态。它既有农业保险的一般特性,又有自己的特征。首先,它是一种"准公共物品"。国外100多年的农业保险发展历史证明,农业保险成本高,综合收益低,仅仅依靠商业性农业保险机构的商业化运作最终有可能导致市场失灵,只有依靠政策性的力量才能从根本上化解农业风险，只有在政府财政补贴和税收优惠等福利性的条件下，商业保险公司才会愿意投入和经营，农民才会积极参保。政策性农业保险具有很强的社会公益性。其次，它是政府保护农业发展的一种政策工具。它是政府以农业保险的名义，通过行政、法律和经济等手段行使的国家对“三农”的间接保护，具有较强的社会保障功能。它分散了农业风险，提高了农业综合生产能力。它作为 WTO 规则的“绿箱”政策，不会像其他行业的政策性补贴那样容易引起贸易纠纷和反倾销，所以一直以来深受其各成员国的高度重视和欢迎。最后，它是国民收入在农业生产领域的再分配。政策性农业保险实质上是国家对农业的一种补偿性的净投入，为“三农”发展提供了风险保障。如果某一区域发生了农业灾害，它可以迅速地将保费在受灾者、非受灾者之间进行配置，在一定程度上体现了国民收入在农业生产领域的再分配。

农业是周期长、投入大和抗灾能力差的弱质产业，是高风险行业。我国是一个自然灾害多发频发国家，平均每年大约有 6 亿亩作物和 2 亿人口受灾，直接经济损失达到几百亿元。由于目前我国处于“中等收入”国家向“高收入”国家的过渡时期，传统的农业保护政策面临的内外压力越来越大，“三农”问题长期不能得到根本解决，所以要大力发展我国政策性农业保险，使农民的经营收入通过保险手段得到合理补偿，维持农民增收和农业增长，保持农村长期稳定。美国、法国、日本等发达国家实行政策性农业保险的时间比较早，积累了丰富的经验，值得我们学习和借鉴。

2）发达国家政策性农业保险的经验和特点

Ⅰ. 美国

美国是世界上较早实行政策性农业保险的国家，农作物保险范围大，保障水平高，参保率高，并且形成了一套比较完善的农业保险体系。其经验如下：

(1)政府主导。

美国实行的是政府主导型农业保险模式,具有明显的政策性特征。1938 年美国联邦政府出台《农业调整法》后成立联邦农作物保险公司,直接开展农作物保险业务,经营中的各项费用都由政府承担。1994 年美国国会通过《联邦农作物保险改革法令》,该法案对农作物保险的性质、方式、目的、机构和保险免征赋税等作了进一步的明确规定,提高了农作物保险的保费补贴率,鼓励农户参加高保障水平的险种,也为联邦政府农作物保险业务的开展提供了法律依据。1980 年经过 12 次修改后联邦政府提交的《联邦农作物保险法》在国会被通过,其中首次提出对农户投保农作物保险的保费给予补贴。1996 年以后,联邦农作物保险公司逐步退出农作物保险的业务经营,商业保险机构和人员开始直接经营农业保险业务,这样既减少了联邦农作物保险公司的运作成本和工作量,也分担了风险。2000 年美国通过了《农业风险保障法》,再次扩大作物和牲畜的保险范围,提高了保费补贴率,联邦政府在农作物保险方面的支出稳步下降,精算绩效在逐步提高,美国农作物保险计划的参与率到 2004 年达到了 80% 。

美国农业保险的发展大致经历了联邦农作物保险公司的“单轨制”经营、联邦农作物保险公司和商业保险公司共同经营的“双轨制”和商业保险公司单独经营的“单轨制”等模式。但是联邦农作物保险公司代表着联邦政府始终没有脱离市场,一直行使着规则制定和监督职能,并为商业保险公司提供再保险,在政府与保险公司之间建立了“利益共享、损失分担”的机制。

(2)鼓励和吸引商业保险公司参与农业保险。

20 世纪 80 年代以后联邦政府为了降低联邦农作物保险公司的运作成本和提高农业保险参与率,制定优惠政策,通过联邦农作物保险公司鼓励和吸引商业保险机构和人员参与农作物保险业务,并对商业保险公司保费及运营进行补贴。1994 年,美国国会对《联邦农作物保险改革法令》进行修订，产生了《农作物保险改革法》，法案规定由国有联邦农作物保险公司与私营保险公司共同向农业生产者提供巨灾风险保险，农业生产者仅支付小额的管理费用。私营保险公司同时还向生产者提供高于基本保险水平的额外风险保险。商业性保险结构和人员的介入所带来的人力资源，使农业保险得到了更大的发展，保险范围逐步扩大，极大地提高了农民参保率。1995 年以来，美国将 31% 农业保险费补贴给 19 家开办农业保险的公司，并对其资本运营实行赋税全免政策和再保险政策，使政策性农业保险在全国范围内得以迅速扩展。对农民实行自愿投保政策，参保农民只需缴纳纯保费的一部分，其余部分由联邦农作物保险公司进行补贴。政府还给予参保农民农产品价格支持和保护以及农业贷款优惠政策，调动了农民参保积极性，保障了农业的稳定发展。

另外，美国还鼓励成立非盈利性的农业保险服务性组织——农作物保险协会，为农民进行法律援助和政策信息的沟通，起到了纽带作用。

Ⅱ. 法国

法国的政策性农业保险不仅起步早，而且非常完善、发达。法国是以政府资助和各级互助保险公司经营为特征的民办公助模式来开展政策性农业保险的，其主要经验如下：

(1)拥有比较健全的农业保险体系。

法国农业发展历经磨难，农民为了保障切身利益，在 20 世纪前叶相继成立了几万家互保机构，农业保险业迅速发展。法国政府为了农业保险业的有序发展，对互保组织进行了较大规模的整合，成立了中央互助保险机构，其他众多农业保险机构在政府的扶持下迅速发展起来，并依据自身特点纷纷推出了相应的保险服务。法国政府为了扶持农业保险业于 1966 年在大区范围内创立了各级再保险机构，并于 1984 年建立农业灾害基金，对互保组织不能承担的风险损失负责。1986 年建立政府控股、社会参股的农业相互保险集团,其主要负责农业保险的顶层设计和战略规划,对一些关系国计民生的产品实行强制性保险,将农业保险的项目、责任、再保险、费率和理赔等以法律法规形式予以确定和规范,努力提高政策性农业保险的整体管理水平。

(2)实行高补贴、低费率政策。

由于农业保险的非盈利性,所以法国政府制定《农业保险法》,以法律的形式保障和实施对所有农业保险部门的资本运作免征一切税费的政策,并且实行高补贴政策。政府对农业保险机构直接进行政策性财政补贴,以保障农业保险机构的正常运转,补贴额可以达到保费总额的 20% ~50% 。由农业保险机构保障各级互助保险公司的正常运行和再保险业务的开展。政府设立国家农业灾害保证基金,对各级互助保险公司给予一定的财政补贴,对农业生产中的不可保风险进行补偿,包括农作物收成和牲畜养殖损失。这样政府就赋予了各级互助保险公司兼具融资、救济和福利等社会功能。另外,政府还对农民所分摊的保费的剩余部分(50%~80%)进行支付。也就是说,农民只需交 20%~50% 的保费,就可以从政府那里另外得到(50%~80%)的高额保费补贴。政策性的高补贴为农业保险的发展提供了有力保障。

(3)建立风险分散机制。

1982 年 7 月 13 日法国成立国家再保险公司,对承保风险的保险机构提供再保险支持,并对其他不可保风险进行补偿。政府建立农业保险专项风险基金,以备巨灾之用。政府支持成立民间互保组织,并提供政府补贴,鼓励民间进行互济互助和再保险。这种分散风险机制有利于协调政府、农民和专业保险机构三者之间的利益关系,减轻了相关各方的损失和负担,保护了农业保险机构积极开展业务的热情,调动了农民参保积极性,能够从根本上避免经营管理上的漏洞,将社会效益和经济效益融为一体。

Ⅲ.日本

日本的农业保险实行的是政府支持的合作互助模式。20 世纪 20 年代末日本建立现代农业保险制度以来，政策性农业保险得到了极大发展，取得了很好的经济效益、社会效益。其主要经验如下：

（1）立法先行。

立法先行是日本政策性农业保险成功推行的重要前提。1929 年日本政府出台《家畜保险法》，将部分家畜列入保险对象；1938 年发布《农业保险法》，针对一些农作物实施保险；1947 年实施扩大险种及范围的《农业灾害补偿法》，将补贴比例从保险费的 15% 提高到 50%。这些法律使政策性农业保险有法可依。目前日本实行的是强制保险和自愿保险相结合的农业保险策略，将关系国计民生和对农民影响较大的农畜产品实行强制保险，其他的实行自愿投保政策。

（2）政府财政大力投入。

日本政府主要是对投保人、经营者和再保险组织进行财政补贴。无论是自愿保险还是强制保险，都享受政府补贴，费率越高，补贴率越高。例如，日本政府将水稻保费的 50%～60% 和麦类保费的 50%～70% 补贴给农民，在大灾之年，政府还将承担 80%～100% 的保险赔款。另外，日本政府承担互助组合联合会的全部经营管理费用和农民互助组合的部分经营管理费用。日本政府还采取连续数年无灾害损失时将一些保费返还给投保人的优惠政策来调动农户参保防灾积极性，以便降低保险组织的道德风险。

（3）注重农业保险体系建设。

目前，日本农业保险制度是由三级组成的。日本各级政府以农业保险法规为准则，对农业保险进行指导和监督。政府鼓励成立民间互助性基层农业保险组织（如农业保险合作社或互助会社）来直接经营农业保险，由都、道、府、县等基层农业保险组织提供或经营各种基层农业保险业务，并为成员组织提供再保险，最后由政府提供二级再保险。这样的经营体系有利于分散风险，同时也能减轻政府财政负担。

3）我国政策性农业保险发展状况

虽然美国、法国、日本政策性农业保险各具特色，但有不少地方与我国情况相似，结合其做法，对我国政策性农业保险发展进行以下分析：

（1）完善我国政策性农业保险法律体系。

农业保险的高风险、高成本和准公共物品性决定了它不能完全依靠市场机制来运营，必须以政策扶持性的方式来经营。原因是利润当先的商业化保险模式最终将可能导致农业保险市场的无疾而终。所以，要树立政策性农业保险的新理念，以政策性的农业保险方式平衡供需矛盾，促进农业保险的迅速发展。

美国、法国、日本等国家的政策性农业保险之所以能够迅速发展，都是与健全的法律法规分不开的。它们都拥有比较完善的农业保险法律法规，能够规范农业保险运作，减少了逆向选择现象和道德风险，大大推进了政策性农业保险的发展。在经历了多年的探索和实践后，我国于 2002 年重新修订了《农业法》和《保险法》，确立了逐步建立和完善政策性农业保险制度的总体思路，并颁布了一系列关于“三农”发展的纲领性文件，在这些文件中都对发展政策性农业保险做出了明确的要求，为加快推进我国政策性农业保险发展提供了政策理论依据和导向，但是可操作性都不是太强，效果不明显。相关的法律法规还有 2009 年 10 月 1 日实施的《保险法》，其中规定：国家支持发展为农业生产服务的保险事业，农业保险由法律、行政法规另行规定。但是《保险法》毕竟是一部商业法，没有农业保险的实施细则，在具体的实施过程中无法可依，存在着很大的随意性，可能引起商业性保险机构道德风险和行政部门的越权干预。尽管 2013 年 3 月 1 日我国开始施行《农业保险条例》，可是此条例的约束性还是不太强，实施细则还是过于笼统，存在着责任不清和依据不当等问题。由于巨灾风险分散机制和风险准备金制度还在筹备制定中，目前农业生产巨灾风险只能由农业保险经营机构独立承担，这在很大程度上将仍然影响政策性农业保险的发展。所以，要在地区差异性、总体补偿性、政府扶持性和适度强制性等原则的指导下，尽快落实《农业保险条例》，以便为《农业保险法》和《政策性农业保险法》的制定创造条件，为政策性农业保险的顺利实施提供法律依据和制度保障。

(2)建立财政补贴机制。

政策性农业保险的多风险性、非盈利性和高赔付性以及准公共物品性，决定了它完全依靠市场机制来运行必然会出现供给不足现象，必须有政府的大力支持才能良性发展。从美国、法国、日本等国的发展经验看，政府的扶持和投入是政策性农业保险发展的重要保障，起到了巨大的推动作用。

当前我国的农业保险试点已经进行了多年，政府财政支持力度正在加大，手段也多样化，各试点省区财政补贴亦在增加，但是农业保险财政补贴的长效机制仍然短缺，也没有建立巨灾补偿基金。随着农业保险工作的全面展开，这样的状况将给各级财政带来更大的压力，现在一些地区在实施具体的政策时已经捉襟见肘了，一旦发生严重的农业灾害，将有可能引起较大的“三农”问题。所以，要从建设现代农业和促进农民持续增收的宏观层面来调整国民收入分配格局，合理调整和优化政策性财政补贴结构，加大各级财政对农业的投入力度，为政策性农业保险发展夯实物质基础。要借鉴发达国家经验，尽快建立我国运营高效的农业保险补贴机制，为保险机构提供经营管理补贴、利税优惠和再保险等资金支持及政策保障，变“弱质农业”为“强质产业”。对农户采取强制参保和自愿参保相结合的办法，分区设定农业保险补贴标准，有条件的地区可以给予参保农户高额保费补贴，以降低其参保成本。也可以将农业保险纳入各地民生工程项目或者融入其他金融支农政策中，从根本上保障农户对农业保险的有效需求。这样既尊重了农民自愿原则，又能调动农户参保积极性，使各级政府、保险公司和农民三方处于良好的互动状态。

(3)建立我国农业保险机制。

分散农业风险是政策性农业保险的主要职能，而农业再保险的主要职能是分散农业保险人所承担的风险责任。当风险超过保险人的承担能力时，可以利用再保险方式将风险进行分散转移。实践证明，相对集中的农业风险往往能形成农业巨灾，使保险机构大数法则失效，市场供给失灵，效用降低，严重制约农业保险的可持续发展。要化解这种农业风险，仅仅依靠承担农业保险业务的保险机构是不现实的，需要在政府宏观规划和财政支持下，建立多个层次的农业风险分散制度，来降低巨灾风险，充分体现农业保险的共济性。发达国家正是通过这样的实际操作来分散风险的。美国通过再保险机制补贴商业保险机构的业务亏损，法国通过官方和非官方再保险机构进行再保险，日本建立了由区域性农业互助组织经营，中央政府和各级互助性组织联合会提供两级再保险的农业保险体系。

所以，我国要在政府政策支持下，立足国内国际两个市场，引入国际风险转移制度，构建和完善农业再保险体系，逐步设立专业性再保险公司，提高平抑风险的能力，从而使政策性农业保险走向良性循环的制度安排。要坚持多元化、多渠道的筹集原则，逐步建立我国巨灾保险基金，解除保险机构和农户的后顾之忧。

(4)探索中国特色的政策性农业保险模式。

尽管美国、法国、日本等发达国家在农业保险发展背景、政策和体系等方面有所不同，可是都在长期的发展中逐渐摸索出来了适合各自国情特点的农业保险模式。美国、法国、日本均成立专门的保险机构负责农业保险的监管，同时发挥商业性保险的市场配置作用,实行政策性管理和商业性运营相结合的方式,来降低财政负担和提高经营效率及效益。由于我国国情复杂,政策性农业保险模式还处于摸索阶段,采用某个单一的政策性农业保险模式不具普遍意义和现实意义,要在借鉴发达国家成功模式的基础上,在财政补贴和市场化经营的原则下,积极探索我国政策性农业保险模式。我国可以适时设立专门的农业风险监管机构,统筹全国政策性农业保险工作的协调、管理和发展,以避免出现高投入、低效率局面。不同地区要积极探索和实践适宜的农业保险模式,最终通过国家规范和整合,形成适宜的具有中国特色和地方特色的政策性农业保险模式。就目前我国的试点情况来看,构建国家、省市县和乡村"三级式"农业保险体系和信息共享机制具有现实意义。商业保险机构通过乡村农民合作组织或农业龙头企业为基础的基层服务体系直接经营政策性农业保险,省市县再保险机构对商业保险机构负责,最后由国家农业风险管理机构对商业保险机构进行二次再保险,各行其事,各负其责,共同推动我国政策性农业保险的顺利发展。

8.4.4 "三化"协调发展

所谓"三化",指的是工业化、城镇化和农业现代化。工业化是指一个国家和地区的国民经济中,经过经济结构调整和产业结构持续升级,工业增长逐渐取得主导性地位的发展过程。城镇化是指二、三产业不断向城镇汇聚,大量农村人口也持续向城镇转移,使城镇数量不断增加,规模不断扩大,功能不断增强的一个长期发展性过程。农业现代化是指由传统农业走向现代农业的一种优化过程,包括所使用的技术手段。"三化"协调发展是我国经济社会发展的必然要求,是探索中国特色社会主义现代化建设的新成果。"三化"协调发展更注重发展的协调性和可持续性,使各种资源要素在工农城乡之间有序地高效流动。工业化为农业发展提供技术支撑和财力支持,带动农业现代化水平提升。农业现代化是工业化的基础,是实现工业化的保证。工业化是城镇化发展的加速器,城镇化是工业化发展的必然结果。城镇化和农业现代化互为基础,共同发展。城镇化发展促进了农业产业结构优化调整,为农业现代化提供广阔的发展空间,农业现代化为城镇化发展创造了市场等要素条件。"三化"协调发展能够很好地解决工业化、城镇化和农业现代化共同发展、持续发展问题,能够在面对工业化城镇化快速发展的情况下发展农业现代化,对保障我国粮食安全意义重大。

下面以中原经济区建设为例对"三化"协调发展进行论证和说明。

2011 年 9 月 28 日,国务院颁布关于支持河南省加快建设中原经济区的指导意见,支持河南省加快建设中原经济区,积极探索不以牺牲农业和环境为代价的工业化、城镇化和农业现代化"三化"协调发展的路子,以巩固提升农业基础地位,保障国家粮食安全,带动中部地区崛起。积极探索"三化"协调发展规律,探索"三化"协调发展路子,建立工农城乡协调机制、生产要素有序流动机制和经济社会同步发展机制,为其他同类地区提供经验,起到示范带动作用,是中原经济区建设的核心任务。

现时中原经济区建设面临着以下情况:一是思想理念陈旧。在几十年的发展中,中原地区一直存在着重工轻农的思想,认为工业效益高于农业效益,优先发展工业既可增加就业,又可增加税收,只要工业发展了,"三农"问题就能够很好地解决了。因此,在处理工业化和城镇化关系时,存在着发展城镇化会增加财政成本和管理难度的思想,导致了中原地区普遍存在推进工业化积极性特别高,发展城镇化和农业现代化热情不是太高的现象。这种思想理念和认识多年来一直干扰着中原地区"三化"协调发展的迅速推进。二是"三化"协调发展的结构性矛盾突出。中原地区历史上就是以产粮为主，承担着保障国家粮食安全的重任，农业发展占据着重要地位。河南省是我国的大“粮仓”，与沿海发达地区相比，河南省既是产粮大省，也是一个穷省，工业化城镇化水平还很低。这种不均衡性、不协调性的发展是历史上长期的重农政策造成的，历史欠账比较多，矛盾积累比较多，在时间上和空间上一时难以有效协调。三是工农业自身发展问题多。目前，中原经济区工业结构层次低、效益差，重工业比重大，第三产业发展慢；企业规模较小，消耗多，竞争力弱，产业集群基本处于初期阶段。该地区农业基础设施陈旧，抗风险能力弱，综合生产能力比较低，资源约束力大，靠天吃饭的局面没有得到根本改变。农产品以原粮和初步加工等低端产品为主，经济效益差。农业经营以小规模为主，土地利用率低，土地效能得不到充分发挥，农业对工业和城市的综合协调发展效度较低。农业劳动力素质呈现结构性下降，科技创新能力不强，科技贡献率低，农民增收渠道少。这些工农业自身存在的问题在很大程度上制约了“三化”协调发展。四是制约城乡发展的体制性障碍难以彻底破除。中原地区束缚城乡一体化发展的体制性因素很多，尤其是城乡二元结构更是根深蒂固。在过去几十年的改革发展中很少触及到城乡户籍制度，现在一下子打破它也不现实。城乡二元结构阻碍了中原地区的城镇化和农业现代化发展，城镇化和农业现代化水平明显落后于工业化水平。城乡二元结构既严重影响工农业生产要素的自由流动，也限制着城乡一体化的快速推进。以改革户籍制度为切入点，破除城乡二元结构势在必行。五是资源配置存在两难。“三化”协调发展的本质就是资源要素在工农业之间、城乡之间的合理流动与配置。如何有效配置资源成为了中原经济区“三化”协调发展的瓶颈问题。例如在土地资源配置方面，既要坚守农地“占补平衡”，又要保障工业化、城镇化用地的合理需求，既要保护农民的合法权益，又要降低工业化、城镇化的发展成本；在劳动力方面，既要引导农村劳动力有序外转,又要保持高素质劳动力;在资源利用率方面,既要提高利用率,又要达到规模化生产。这些问题在实际操作中是难以把握的,是不容易解决的。六是经验少,任务重。顾名思义,“三化”协调发展兼顾了工业化、城镇化和农业现代化,在国内其他地区这种协调发展的经验和模式非常少,可以说没有现成的经验和模式可供借鉴。依据国务院的意见是先行先试,积累经验,所以“三化”协调只能是在中原地区现有的基础上借鉴国内外一些适宜的做法摸索着前进、探索着发展。这意味着在发展过程中必将遇到大量的矛盾和困难。另外,各方的殷切期望无形中也带来不小压力,其重大责任性也是可想而知的。

中原经济区建设“三化”协调发展是一项涉及面非常广的系统性工程。它既要有顶层设计和长效机制,又要在一些领域和地区找到切入点,率先实现局部性突破,积累经验,进行推广,真正实现“三化”协调有序发展。

8.4.4.1 树立“三化”协调发展理念

发展有道,理念先行。“三化”协调发展是中原经济区建设的根本任务,所以必须树立“三化”协调发展意识,以“三化”协调科学发展为统领,强化“工农一家、城乡一体”发展理念,深刻理解“三化”协调发展的重大意义,全面把握“三化”之间的相互关系,放下身段深入实际寻找规律,自觉地将“三化”协调发展理念融入到中原经济区建设的全过程,普及到各个区域和领域,形成合力,使更多的资源要素配置到“三化”协调发展中来。

8.4.4.2 用制度来保证实现“三化”协调发展

“三化”协调发展必须消除体制性和地域性障碍,建立中原经济区发展一盘棋制度。从地理上对中原经济区进行区域性认定,对各项规章制度进行科学地统筹规划,详尽地合理设计,谨慎地论证决策,促使中原经济区工农业生产要素和城乡发展要素有序、平稳、高效地流动。当前要以我国经济发展转型为契机,推动以工促农、以工带农,强化工农业的互带互补作用。以新型农村社区建设为突破口,统筹城乡基础设施建设和公共服务建设,促进以城带乡、以城富乡,加速推进城乡一体化发展。以建立产业聚集区为抓手,激励以工建城、以工援城,促进工业生产和城市宜居协调发展。

8.4.4.3 依据区位优势激发产业活力

当前中原地区的钢铁、汽车、制造、新型建材、电子信息、轻纺和农业产业化等都得到了一定程度的改造和升级,生产力得以释放,竞争力持续增强,但是还有很大潜力可挖,发展空间还很大。特别是在工业化发展过程中,要壮大优势主导产业,加快改造老工业基地,培育以电子信息、生物、能源、材料等为代表的新型工业基地;要促进产业集聚发展,建设一批国家新型工业化产业示范基地;要设立承接产业转移示范区,打造产业转移承接平台。在"三化"协调发展中要提高产业核心竞争力,走创新驱动发展道路;要完善创新体制机制,解除生产要素束缚,激励技术创新,进行适合新时期经济社会发展的制度安排;要鼓励加快培育大型企业集团,提高产业集中度,实现产业突破;要加快产供销一体化、组织化,促进一、二、三产业融合体系建设。立足中原区位优势,走出具有中原特色的"三化"协调发展道路。

8.4.4.4 建立城乡一体化服务体系

党的十八届三中全会提出的解决我国城乡二元结构阻碍经济社会发展问题,切中了时弊和抓住了关键问题。目前我国农村公共服务滞后是城乡二元发展的直接后果,也是"三化"协调发展必须解决好的重要问题。要加强中原经济区城乡资源互动,打破二元结构,稳步提高保障水平,建立以中原经济区城乡为基础人群的全覆盖基本公共服务体系。要加快构建基本公共教育服务体系,优化配置义务教育资源,基本实现县域教育均衡发展。要加大扶贫开发力度,建设扶贫开发综合试验区。要加强和创新社会管理,探索适合中原经济区发展特点的高效社会管理体系。

通过以上对中原经济区建设“三化”协调发展的论述和研究能够看到,“三化”协调发展是保持我国经济社会发展的必由之路,对全面建成小康社会,实现中国梦具有重大的战略意义。

第9章　发达国家农业现代化发展经验和特点

虽然当代发达国家的国情不同,农业现代化发展有所侧重,路径选择也不同,但是都在农业现代化发展中取得了非凡的成绩,值得我们去研究、去探索,以便总结出客观规律来指导我国农业现代化发展。下面以同我国情况比较相似和接近的日本、以色列和法国等发达国家为考察对象,分析和总结它们的成功经验。

9.1　农业现代化发展经验

9.1.1　日本农业现代化的成功经验

日本耕地面积较少而人口众多,人地矛盾突出,分散的小农经济一直占主导地位。第二次世界大战后,日本致力于农地流转和规模经营,出台了一系列惠农政策,使小农经济迅速地转入到现代化发展的轨道上来,并取得了显著成就。其主要经验如下。

9.1.1.1　政府实行全方位干预和强有力支持政策

自20世纪50年代中期以来,日本政府实施倾向性的财政金融政策和宏观调控政策,加强了对农业现代化的扶持力度,为加速实现农业现代化发挥了重要作用。

(1)实行财政支持政策。政府负担农地建设、农田水利建设和现代化农业设备购置等农业发展项目的绝大部分费用,约占农业总支出的40%。

(2)实行信贷支持政策。政府提供长期低息或者无息贷款,为农业发展不断地注入资金，保证了农业的扩大再生产。

(3)对农产品价格实行补贴政策。日本对农产品价格进行补贴，数额约占农业总支出的50%。

9.1.1.2 建立健全农业法律体系

日本在农业现代化进程中十分重视农业立法作用，将农业立法视为"农业发展的原动力"。政府根据农业发展不同时期的需要，将政策目标和经济措施法律化，并体现在农业战略规划、总体布局和政策措施等方面。日本政府先后颁布了《农地法》《农振法》《农业基本法》《农村信用基金法》《增进农用地利用法》《肥料管理法》和《农业协同组织法》等一系列法律法规。另外，日本政府在20世纪70年代开始实行"综合农业政策"，80年代开始实行"长期农业政策"，以保证农业政策的稳定性和连续性。日本政府对农业各个方面进行细化和深化管理，解决了现代化发展中出现的一系列问题，是实现农业现代化极其有效的手段，保证了日本农业现代化的快速发展。

9.1.1.3 重视农业科技体系建设

日本非常重视农业科学技术的应用，逐渐完善了教育、科研和推广三结合的农业科技体系，为农业现代化发展提供了持续动力。

日本政府十分重视农业教育，努力提高农民素质。在中央设农业大学，在都道府县的综合大学设农业部和农学院，在全国其他地方还设有很多农业技术学院。现在日本受过中等以上教育的农民比例达到了80%左右。由于日本是岛国，农业自然地理条件差，所以日本选择了先侧重于农业技术创新以节约资源、转移农业人口和提高生产率，而后再实行适宜的农业机械化的发展战略。日本农业科研经费充足、体制完备、手段先进、推广体系科学，对农业的发展发挥了巨大的作用。

9.1.1.4 充分发挥农协的作用

为了妥善地处理小生产与大市场间的矛盾，目前日本建立了遍布全国乡村的庞大的合作社性质的农协组织体系，几乎全国所有的农户都参加了农协。日本政府对农协给予财政、信贷、税收和保险等多方面的支持，并通过农协贯彻落实农业政策。从中央到地方农协形成了一套完整的组织体系，在中央政府设全国联合会，在都道府县一级设农协联合会，在市町村一级设单位农协。农协在政府扶持下，不以盈利为目的，同全国农户建立了各种联系，在生产经营、信贷、产品加工、市场及生活等方面发挥着巨大影响，垄断着农村经济生活的各个方面，具有社会化服务功能性质，既起到了大市场与小农户之间的桥梁作用，也有效地阻止了商业资本对农村的渗透，极大地提高了农业的经营效率，有力地促进了农业现代化发展。

9.1.2　以色列农业现代化的成功经验

以色列人口密度大，自然环境恶劣，大部分地区属于典型的干旱和半干旱气候，其他地区几乎被丘陵和低山覆盖，所以以色列建国后十分重视现代农业的发展，采取一系列有效政策措施，仅仅用一代人的时间就逐步实现了农业现代化，创造了令世界惊讶不已的奇迹。

9.1.2.1　政府大力扶持，激发农业活力

农业的高速发展离不开政府的政策支持。建国后，以色列历届政府从政策、财政、信贷等方面采取了一系列政策与扶持措施，并加以法制化和规范化。农业部对宏观指导、规划、市场预测、大型基建、区域开发、提供贷款、农业科研和对外合作等方面负责，尤其是利用价格和贷款等市场调节机制进行宏观调控，实施资源节约型和出口导向型现代农业发展战略。建国初期，以色列就在国家农业七年规划中提出了大力兴农，实现自给自足的指导方针。特别是在政府的领导、协调和引导下，各部门每年都对农业发展进行宏观统筹规划，确定发展重点，稳定增加农民收入；各级审计部

门依法建立了包括自然灾害保险基金在内的国家合作运动基金和保险,以补偿自然灾害引起的农业损失;以色列农业和商业银行还通过各种方式向农民提供资金支持,国营公司还承担着诸如国外市场价格下跌等意外事态发展导致的出口风险和损失。实际上,以色列在农业现代化和国际化的战略选择上,在资源节约型农业管理、科教推广、人力资源和农村合作组织发展等方面,都充分体现了政府调控的职能及其与市场主体相辅相成的关系。例如建立产业化经营合作组织——基布兹(Kibbutz)、莫沙夫(Moshav)、公社莫沙夫(Mos. Shitufi),为农民提供了若干可供选择的生活和生产方式,在很大程度上激发了农业活力。

9.1.2.2 健全法制保障

基于特殊的国情,以色列倡导法制,注重依法处理土地和水源等各类农业问题。以色列政府先后制定了有关森林、土地、水、水井、水计量、河溪、规划与建筑等方面的法律法规,实行土地国有的农地产权制度安排,国家占有95%的土地,宣布水资源为公共财产,对用水权、用水额度、水费征收、水质控制等都作了详细规定,实行用水许可证、配额制和鼓励节水的有偿用水制,大力推广节水技术。对包括兴建住宅在内的所有跟土地有关的开发计划都必须经由国家土地管理局审批,以免滥用耕地。以色列把水和土地作为最重要的资源进行严格计划使用,并由专门机构进行管理。以色列环境部先后制定了可持续发展战略规划及一系列的资源与环境保护方面的法律法规,逐步建立起有限资源的红线制度。政府规定农业用地不能买卖,只能租赁,并且可以续租。以色列注重采用经济手段和市场机制来保护资源和生态环境,利用国家绿色核算体系实行污染税、环境许可证制度和绿色标志等环保制度,来引导和鼓励绿色消费。

9.1.2.3 重视科教和技术创新

以色列教育非常发达,并且成为了社会的一种基本财富。除正规的农业教育院校外，还大力发展中等专业教育及中学后教育机构进行职业培训。以色列重视面向生产的科技协作创新，并给予极大的财政支持。当前以色列是世界上农业研究与开发投入较多的国家之一，每年用于农业研发的投入就超过 8 000 万美元，是国民生产总值的3%。所以，以色列科技呈现出了研究机构多、研究针对性强和科研水平高等特点。目前以色列高科技公司的数量仅次于美国，研究领域非常广泛。农业科研与推广都具有明显的针对性，农业推广人员可以随时将科研成果带进基布兹、莫沙夫农户的农田里进行试验和推广，并把新问题带回科研单位进行改进，使科研与生产密切配合，以解决生产实践中的关键问题，提高农业科技的贡献率。现在以色列的技术开发空间非常广、能力非常强、质量很高。例如以色列对高效节水的研究质量就很高，20 世纪 60 年代创造了滴灌技术，并建立了世界上第一个灌溉系统，70 年代基本实现了喷滴灌。以色列每一寸农业土地都渗透着高科技，在维持原有单位土地耗水量不变的前提下使农业总产值增长了 12 倍。如果按现在以色列农业生产效率来推断，地球上排除海洋产品的供给外，只算农业产品供给也能解决 3 倍于现在人口的食物问题。目前以色列也是世界上污水利用率最高的国家，达到了 30%以上，有效保持了珍贵的水源供给和可持续的耕地利用。

9.1.3 法国农业现代化的成功经验

由于长期受小农经济影响，在第二次世界大战前的 150 多年里，法国一直是农产品净进口国。从 20 世纪 60 年代起法国开始实施农业现代化，仅仅用了 20 多年的时间就逐步建立了高效率、集约化的现代农业，农产品年出口量仅次于美国，成为了世界农业强国。其经验如下。

9.1.3.1 政府注重加大对农业的投入

第二次世界大战后，法国政府实行长期大力扶持农业的政策，包括加大农业预算支出、扩大农业低息贷款、提供农业补贴等。1945年法国政府发行五年期债券募集了60亿法郎投资于农业生产，接着从1947年起通过马歇尔计划进一步为农业提供资金支持，到1952年，仅对农机设备和化肥的投入就增加到30亿法郎。从1954年开始法国政府每年对农业的投入都达到了当年预算的4.6%以上，1975年为农业支出了33.379亿法郎，1987年达到了269亿法郎。为了激发农业活力，法国政府和国家银行高价购买"无生命力农场"的农地，经过适度集中整治后优先卖给大农场主；建立农地银行，购买土地后订立长期租约再租赁给农民，以刺激投资；对农地集中和农业互助合作给予财政支持和税收优惠。政府财政、金融和外贸政策的倾向性，极大地鼓励了农户从事农业生产的积极性，同时也诱导了社会资金向农业投资，这对农业现代化的发展起到了重大作用。法国政府还把农业教育和科研作为农业政策的重要组成而进行大量的财政投入，提高农业经营者素质，完善农业科技和推广体系，为农业现代化提供技术上的支持，使科技成果尽快转变为现实生产力。另外，法国政府支持农业生产按经济区域实行明确的专业化，将一定种类的农产品生产固定在一定的区域，并享受政府政策扶持。

9.1.3.2 通过法律手段促进农业规模经营

第二次世界大战后，法国开始用立法的方式促进农地流转，发展现代农业。1960年8月通过"农业指导法"，1962年8月又通过"农业指导法的补充法"，通过用益权制度来引导农地流转。根据这些法律，法国政府为了转移农村富余劳动力，鼓励青年农民到农外就业，并进行奖励性赔偿和补助；设立"非退休金的补助金"，规定离农者可得到35年的预备年金，鼓励年老农民提前退休；给55岁以上的农民一次性发放"离农终身补贴"，鼓励到退休年龄的农场主让出土地；促进农业科技的广泛应用，降低农地在农业生产要素中的地位和作用，淡化农民的农地观念，减弱农民对农地的依赖等。

9.1.3.3 制定和完善鼓励规模经营的配套政策

(1)改革农地继承制度,规定农场继承权只能给配偶或者享有继承权的一个子女,农地不能分割转让,只准整体继承或出让;实行农地改组政策,鼓励农地入股和联合经营,敦促小农场合并,并为符合条件的农户购买土地提供低息贷款;支持中等农场发展,鼓励建立适度规模的中型家庭农场或农场联合,政府给予农地购买、贷款和税收上的优惠,并赋予其农地优先购买权。

(2)成立由国家代表实行监督的,不以盈利为目的的地区性农地整治与乡村建设公司,享有购买农地的优先权,将低产田或小块分散农地进行集中连片,整治后低价卖给农民或中型家庭农场。

(3)加强管理。法国设立农地市场管理机构——农地事务所,对农地转让或租契进行审批和管理,并对小块农地拥有优先购买权,整治后卖给擅长经营的农民。规定私有农地必须用于农业,不准弃耕、劣耕或搞建筑;否则,国家有权征购及提高农地税或强制其出租。

9.1.3.4 加快成立农业经济合作组织

20 世纪 60 年代末,法国政府积极支持农民自行组织各种农业合作社,把家庭小规模生产联系起来形成社会化的大生产并和大市场联系起来。为了鼓励合作社发展,国家实行免除合作社 33.3% 的公司税的政策。当时法国建立了 3 100 个农业信贷合作社、7 200个供应和销售合作社、1 400 个服务合作社。通过这些农业经济合作组织宣传政府的农业政策,指导农业发展。现在法国农业合作社种类多、分布广,几乎所有农户都是合作社社员,在法国的 120 万个农场中,有 100 万农场主参加了合作社,农业合作社占据了生产资料、信贷和农产品市场的绝大多数份额,合作社已经将农业生产者纳入到纵向一体化的合作轨道上,为实现农业现代化提供了良好的组织体系。

9.2 共同特点

日本、以色列、法国三个发达国家在农业现代化进程中具有以下共同特点。

9.2.1 依法促进土地流转，实现适度规模经营

各国政府充分认识到了土地适度流转和规模经营是农业现代化发展的基础，是提高农业竞争力的必由之路，同时也是现代经济社会发展的必然要求，所以制定了促进土地流转的一系列法律法规和进行了辅助性制度设计，并根据实际需求做出相应的调整和补充。为了使土地顺利流转，各国实行政府积极引导与市场需求相结合的方式，来增加土地流转动力，促进土地的有序流转和实现规模化经营。

9.2.2 选择适宜的农业现代化发展模式

各国都是通过选择符合本国国情的发展模式来实现农业现代化的。由于法国的农业和工业基础都薄弱，所以法国走出了一条农业现代化与工业现代化同步实现的路子，选择了“集约+技术”的复合型农业现代化发展模式。以色列根据本国的自然条件选择了实施资源节约型和出口导向型农业现代化发展模式。日本根据实际国情选择了资源节约和技术密集型农业现代化模式。

9.2.3 政府大力投资

在各国实现农业现代化的过程中，政府始终都是坚定的推动者和支持者，都给予了大量的投资，不管是财政、信贷、税收和补贴还是教育和农业技术创新等方面给予了很多的优惠政策，并根据

农业发展的不同时期进行适度的调整,满足农业发展的各方面需求,从而为农业现代化提供了不竭的发展动力。

9.2.4 重视社会化服务与管理

农业合作组织是连接小生产和大市场的纽带,在农业现代化建设中起着重要作用。法国的流通合作社将农产品的生产、加工和销售等连接为一个整体,将农业生产者引向了一体化的合作轨道。以色列的莫沙夫和基布兹等合作组织为以色列农业发展提供了可靠的组织管理。日本政府积极培持农业委员会和农业协同组合等中介组织,为农户提供服务,改善了经营环境,为解决分散经营与大生产的矛盾做出了贡献。

第 10 章　农地流转与新型农业现代化

发达国家的农业现代化建设大多数就是以专业化经营农户为主体,以资本投入来降低劳动的生产作用,从而实现规模经营和提高农业效率。它们的大量实践证明,劳动在现代农业生产中的产出作用降低,资本的农业产出作用显著增强。基于目前我国统分结合、双层经营的体制和人多地少、分散经营的国情,以及专业化经营农户较少而兼业分散经营农户大量存在的现实,我国农业现代化发展不可能像发达国家那样依靠资本投入提高劳动生产率,也不可能出现内涵式的规模经营,只有通过农地流转,规模经营,产生规模经济,才能实现农业现代化。

我国的大量实践也表明,加快农地流转,推进农业生产规模化,是改造传统农业、转变农业增长方式、发展农业现代化和促进农业又好又快发展的重要举措,是实现家庭承包经营责任制与发展农业现代化对接的有效途径,是深化农村改革的方向选择。因此,实行农地流转规模经营是发展农业现代化的必要条件,是新型农业现代化发展的必然选择。

10.1　农地流转是发展农业现代化的必然要求

(1)农地流转是加快农业产业结构调整,实现规模经营的必然要求。现代农业的一个突出特征就是产业化、规模化经营。目前,农户小规模生产与社会化大市场矛盾日趋尖锐,由于经营分散，难以形成规模经营，导致经济效益低下。因此，只有加快土地流转，才能实行土地规模经营。

（2）农地流转对于加快农村人口转移、提高农业收入具有重要作用。农业现代化的实质是增加农民收入。当前，农民收入来源逐步多元化，土地也不再是农民唯一获得收入的手段，农民通过外出务工、经商能获得更多的收入。分散经营土地低收入和非农产业高收入的鲜明对比为土地流转创造了条件；同时，通过土地流转，既能淡化农民恋土情结，又能促进农业人口向二、三产业转移，加快农村城镇化步伐，促进农民收入的快速提高。

（3）农地流转是增强农业抵御风险能力的必然要求。现代农业必须以现代设施装备为支撑。目前，农业生产条件还十分落后，农业环境比较脆弱，抵御自然灾害能力低，农民还未摆脱自然束缚的局面，仍然在“靠天吃饭”。要改变农业的弱质性，就必须加快土地流转，推进土地适度规模经营，集中改善农业装备和条件，加强农业基础设施建设，以增强农业抗御自然风险的能力。

（4）农地流转是优化农业资源配置，提高农业生产效率的必然要求。现代农业发展必须以工业经营理念为指导，合理配置资源，提高生产集约化程度，以最低成本获取最大利益。加快土地流转，使土地集中经营，可以优化配置资源，运用先进技术，提高农产品科技含量，最大限度地提高土地利用率和产出率。

（5）农地流转是增强农业应对市场挑战的必然要求。农业进入现代农业发展阶段后，必须建立以产供销、贸工农相结合的市场机制。因此，市场需求也会跟着发生根本变化。加快土地流转，实行适度规模经营，才能大规模地生产优质农产品，才能适应市场多样化的需求，进而以需求带动农业发展，以多样化的供给加快现代农业的发展。

10.2 发展农业现代化必须以农地流转为基础

10.2.1 农地流转为发展现代农业提供资源配置基础

农地是民生之本,是发展之基。耕地是粮食安全的基础,是经济社会安全的重要内容,是国家安全的保障。人类社会无论怎样高度发展,都改变不了"土生万物"的俗语,中国的一个汉字"饭"确实道出了"民以食为天"这句古训的真谛,如果没有了"食",就只剩下"反"了,社会动乱了,还何谈国家崛起和民族复兴?这同时显示出了农地这种资源在经济社会发展中的重要作用。农地流转为我国新型农业现代化发展提供了必要的基本资源的配置。

10.2.2 农地流转为发展现代农业提供经济基础

一方面,通过土地流转,农民可以获得相对较高和比较稳定的有偿转让收入,可为发展现代农业提供经济基础。因为农业规模经营时,其利润会迅速增加。另一方面,从调查的情况来看,农民通过流转土地,一般每年可以得到几千元甚至上万元的租金收入,大部分的土地流转收入高于自己传统作物收入。同时,龙头企业和外来业主通过租赁土地,为当地农民创造了更多的就业机会,使农民从原来直接的生产经营者变为既是土地租金的收益者,又是为龙头企业和外来业主打工的农业工人。此外,通过规模经营,经营者也可获得相当可观的收入。

10.3 基于农地流转的农业现代化发展分析

在现阶段,农户家庭经营的内涵正在发生变化,与其对应的以统分结合、双层经营为特征的农业基本经营体制也需不断改进和完善。由于人多地少的基本国情,分散的小规模经营的农户是无法实现现代农业的道路,我国建设现代农业必须走内涵式规模经营的道路。综观发达国家的现代农业建设模式,其经营主体大都是专业化经营的农户。当前我国农户的构成是大量的小规模兼业农户与少数的专业化经营的农户并存。对于这样的农户,不可能通过增加资本的投入,降低劳动在农业生产投入中的比重;更不可能通过提高劳动生产率,生产高附加值的农产品,使收益有较大幅度增长;也不可能产生内涵式的规模经营。因此,与发达国家发展现代农业经营模式相比,我国发展现代农业也只有通过土地流转实现规模经营。实践表明,劳动在农业产出的作用降低,资本在农业产出的作用增强,这一实际要求土地流转。只有通过土地流转才能产生规模经济,才能使资本替代劳动从而进一步发展现代农业。要想实现农业现代化,不能像小农经济那样依靠投入大量的劳动,应依靠资本为农业发展提供产出基础,而只有通过土地流转实现土地规模经营,才能产生农业规模经济。因为只有农户大规模生产,才能一方面实行生产专业化,另一方面扩大生产技术的应用,通过生产技术改变生产要素的投入组合方式,用更多的资本替代劳动,从而起到降低成本和提高生产率的作用。

总之,土地流转为实现农业结构战略性调整、科技创新和集约经营创造了前提条件。利用土地流转过程提供土地聚集的契机,推进农业规模经营,促进农业生产结构调整,逐步形成农业生产的规模化、专业化和现代化,实现农业区域化生产,促进土地、资金、技术、劳动力等要素的合理流动和优化组合。土地流转机制的建立改变了农村劳动力亦工亦农、亦商亦农的兼业化状态,解除了土地对农民的束缚,促进了农村劳动力向非农产业转移,有利于增加农民收入,同时也为解决农村剩余劳动力提供了就业的途径。

第 11 章　对策和建议

根据我国农业现代化发展的客观实际，吸收和借鉴国内外成功经验，对促进农地流转和加快新型农业现代化发展提出以下对策和建议。

11.1　确立正确的农地流转指导思想

农村土地流转是当前农业与农村工作的一个重要任务，是建设中国特色社会主义的又一次制度改革与创新，制定和完善我国农村土地流转制度，必须确立以下几个指导思想。

11.1.1　深刻认识农地流转工作的重要意义

在坚持农村基本经营制度和充分尊重农民土地承包经营权的前提下，允许农村土地承包经营权依法自愿有偿流转，是农业发展的客观要求，符合党在农村的一贯政策，平稳有序地流转土地承包经营权，有利于完善农民土地承包经营权权能；有利于合理配置和充分利用土地资源，促进适度规模经营和现代农业发展；有利于促进农村剩余劳动力的转移。近些年来，各级农业部门特别是农村经营管理部门为正确引导和规范农村土地承包经营权流转做了大量工作，发挥了重要作用。目前我国农村土地承包经营权流转总体是平稳健康的。但必须看到，随着土地承包经营权流转规模扩大、速度加快，流转对象和利益关系日趋多元化，迫切需要加强管理和服务，以防止发生违背农民意愿强行流转，侵害农民土地承包权益，私自改变土地用途以及流转不规范引发纠纷等问题，各级政府部门要充分认识做好当前土地承包经营权流转管理和服务工作的重要性和紧迫性,增强责任感和使命感,把流转管理和服务作为新形势下维护农民土地承包权益,加强农村土地承包管理的重要任务,正确指导农村土地承包经营权流转平稳健康发展。

11.1.2 尊重农地流转规律

几千年来我国小农经济具有强大的历史发展惯性,尽管生产效率低下,可是由于耕种传统习惯使然,不少农民的农地流转积极性不是很高。

11.1.2.1 尊重农地流转的历史规律

我国家庭联产承包责任制的建立是一个历史的过程。现在我们看到,随着国家多项惠农政策的实施,同前几年相比,农民的生产积极性有所回升,在短期内可能还不会出现全国性的大规模农地流转现象。在我国农地制度的历次变迁中,农民都是积极主动地参与,所以在农地流转中也要尊重农地流转的历史规律,尊重农民的生产习性,给予农民自主权和选择权,在坚持农民自愿的原则下循序渐进地引导和推动农地流转。

11.1.2.2 尊重农地流转的经济规律

农村土地流转属于经济的范畴,其流转的程度和规模都要与国家的经济尤其是农业经济的发展水平相适应,与农业生产力的发展水平相协调,任何阻碍和超越生产力发展水平的农村土地流转最终都会失败。所以,在农村土地流转问题上应从实际出发,因地制宜,分类指导,稳步推进,不搞一刀切、一个模式。农村土地流转形式有多种,各个地方要结合实际情况,选择最有利的方式进行改革,而且有些地方农村土地流转的条件尚不成熟,因此政府要多加诱导,创造有利条件,向农村土地流转的方向发展。农村土地流转也要符合循序渐进的规律,不能操之过急,否则很容易给社会带来不稳定的因素,严重地影响农村的经济发展。在市场经济条件下,农民是有限理性的生产者,政府是有限理性的宏观管理者,农民的有限理性需要政府的有限理性进行校正诱导,而政府的有限理性则决定了政府制定的制度政策必须适应生产力的发展,并且要不断地修改完善。

回顾我国农地制度的变迁,每一次农村土地制度的变迁都离不开农民自己的主动参与,因此在构建农村土地流转制度时,要遵循生产力要求,充分发挥农民在农村土地流转中的自主权,给予农民较大的选择空间。

11.1.3 农地流转必须有国家的管理和支持

尽管各个国家农村土地流转的程度和方式不尽相同,但在一点上是相同的,那就是土地的流转都不同程度地受到国家的管理和规制。国家享有对土地的管理权和规划权,任何一宗土地的流转在理论上都要符合国家的相关规定。如果农村土地流转没有国家的有效管理和合理规划,势必造成土地的兼并和资源的浪费,农民利益将失去保障。国家的介入使得农村土地流转实现了规范化,有利于土地的合理流动和高效利用。当然,国家的管理也不应该侵犯和剥夺农民的利益,国家的管理权也应该得到限制。我国是一个农业大国,土地是农业的根本,土地的流转涉及整个农村和国家稳定,关系 8 亿多农民的切身利益,如果缺少国家的强有力的宏观管理,其后果将是十分严重的。

11.1.4 农地流转要切实保障农民切身利益

土地的集中和规模经营是现代农业的主要特征,也是农业发展的必然趋势。农村土地流转在促进土地规模经营的同时不可避免地使一部分农民失去了土地的经营权,能否对这些人进行合理补偿和妥善安置成为农村土地流转能否顺利进行的关键。国外在妥善安置失地农民有明确细致的规定,如英国对小农场主的补助金和终身年金,对丧失土地开发权的土地所有者的补助金,在补偿标准中都有明确的规定。我国的农村土地在相当程度上还存在社会保障的功能,农村土地流转后,一定要保障失地农民的生活。总的来说,要做好两方面的工作:一是健全和完善农村社会保障体系,尤其是对失地农民的社会保障,这是长远之计;二是加大对失地农民的补偿,土地补偿标准应与市场挂钩,按市场土地价格计算标准计算,补偿一定要到位,真正落到农民手中。

11.1.5　农地流转一定要做到依法流转

我国现在农村土地制度流转的法律还很不完善,大多是对农村土地流转的原则性规定,对流转的具体程序和步骤还没有详细的规定。因此,应该加强农村土地流转的立法工作,使我国农村土地流转真正有法可依。首先,要通过立法明确农村土地流转中受益方的权利,实现国家、农民和第三方利益的公平,只有各方权利公平,结果才会实现公平。其次,通过法律保证农村土地流转不会造成国家耕地的减少,对国家粮食安全造成威胁。再次,在目前条件下,要通过法律来保证农村土地流转在农业内部进行,防止土地兼并和大量失地农民的产生。最后,通过法律规范土地交易市场,保证农村土地流转的公平合理。

11.2　健全土地流转法律体系

在现代国家发展中,任何一项制度措施的实施都必须依靠国家以法律法规的形式进行确认后,才能得以有效的贯彻和执行。因为国家在某个领域或特定区域内对合法使用强制性手段具有垄断性,能在法律和规则秩序方面为行为主体进行制度安排。

11.2.1 完善农地流转的法律法规

尽快在《土地管理法》和《农村土地承包经营权流转管理办法》等法律法规的基础上制定《农地流转法》《土地物权法》及《农地征用法》，以法规和条例的方式确权赋能，细化农地产权利益各方责权范围，做到流转主体明确，权责明晰，利益兼顾，提高基本农田被征占用的制度成本，确保农地不受工业化、城市化的过度侵害，从而使各方博弈行为更趋合理和经济。

11.2.2 依法构建新型农地产权制度

通过对农地流转因素的分析可以看出，当前我国需要制定和完善农地流转的相关法律法规。要完善农地产权制度体系，必须以法律和配套法规的形式界定农地产权的清晰边界，构建以“农民为本”的产权制度，明确农地所有权的主客体范围，通过改革使农村集体经济组织成为农地生产经营的实体单位而逐步弱化其基层行政单位性质。要真正赋予农民完整的农地产权权能，强化对农民土地权益的保护，必须在宏观层面上国家享有土地的终极所有权的基础上，在实际操作中要逐步剥离集体对农地的所有权；在中观层面，取消农地集体所有，赋予农村集体组织的相应监督职能；在微观层面，将农地的产权主体回归于农民，把土地产权主体明确界定为农户。强化土地的生产功能，规范农地使用权市场交易行为，建立市场交易主体，培育土地流转中介，发挥价格调节作用，建立和完善土地市场机制，实现土地资源的市场化配置。

11.2.3 明晰政府职能与市场界限

在农地流转中，政府不仅要克服“越位”行为，还要克服“缺位”现象。在赋予农民稳定而完整的土地承包权的同时，政府要制定切实可行的土地流转政策，积极推动和鼓励农户进行土地流转。

11.3 完善和创新农地流转制度

如何推动农地流转,使土地资源的配置适应我国经济高速发展,实现土地增值、农民增收,这是必须认真思考和研究的重大问题。积极破解农地流转困局,充分挖掘生产潜力,逐步探索出与城镇化、工业化相适应,有利于统筹城乡发展,能最大限度激发和调动农民积极性和创造性的农地流转模式,对增加农民收入,促进农村经济发展,加快发展现代农业,全面建设小康社会具有重要的意义。基于前面的研究分析,现在从制度建设与改革、市场培育、外部环境优化等方面提出针对性的建议。

11.3.1 加快农地制度建设与改革

11.3.1.1 完善农地产权制度

世界上完善的土地产权制度首先是在法律上明确了土地所有权,清晰界定土地产权边界;其次,进一步发展土地使用制度创新,降低流转交易成本,促进产权的流动性。我国很多学者的研究结果也证明土地承包经营权证书的发放与土地转入意愿呈现正相关性,表明土地产权的明确有利于农地流转双方的决策行为。

第一,要在法律上进一步明晰农地产权主体,稳定承包经营权。产权的完善离不开国家的作用。国家是一种在某个特定地区内对合法使用强制性手段具有垄断权的制度安排,它的主要功能是提供法律和秩序,为行为主体的竞争、合作、博弈提供基本的框架规则。事实上,任何一项产权制度的界定、保护和实施都离不开政府的宏观作为,因为这一切都要靠国家最终以法律的形式进行确认,才能得以有效实施和运转。在培育农地流转市场的过程中,国家应明确农村土地制度的政策目标,处理好公平与效率的关系,在保护农民利益的基础上,给予农民充分的决策自主权,从而引导走向自下而上的良性制度变迁过程。首先要完善农地产权制度体系,以法律和配套法规的形式明确界定农地产权的权利边界,明确农地所有权的权利主体与客体范围,通过改革使农村集体经济组织成为农地生产经营的实体单位而逐步弱化其基层行政单位性质;其次要明确界定农地产权利益各方的责、权、利。同时,国家以法规和条例的方式细化农地产权利益各方责权范围,约束规范农地产权利益各方的博弈行为,使各方的博弈行为趋向合理和经济。

第二,要建立多样化的土地使用制度,探索股权经营模式。在稳定农地承包经营权的前提下,要肯定我国目前土地使用制度的多样化。这种多样化来自两方面:一方面农地制度的核心,即地权本身就具有多面性;另一方面由于各地具有特殊性,那么建立其上的制度创新也不可能是单一的。不同土地使用制度之间的个性化程度差异反映了我国不同地区资源禀赋、经济约束条件以及社会制度背景的现实差异,适合的土地使用制度的建立也必须与农民自发的制度创新结合起来,才能促进当地经济的健康发展。所以,承包经营权的股权化作为一种有效的创新模式,有助于解决集体所有制下成员权限造成的产权流转困境。这一模式首先在广东的珠三角地区表现出明显的优势和巨大的绩效。土地股份合作制,是在坚持土地集体所有的前提下,按照市场经济的要求,把集体土地的占有权、收益权和处置权进一步分开,集体只保留部分收益权和最终处置权。土地的占有权和收益权则分为两部分,通过股份分红,一部分归集体所有,一部分归农民个人所有;村级集体实行土地的统一规划和统一开发利用,发展适度规模经营。农地股份合作制,是农民不再与具体的地块相联系,而是将人人有份的土地折算为土地股权,社员拥有的土地股权是一种货币化的股权,而不是占有土地的实物形态,有效克服了集体所有制下成员权的限制。其优点:一是改变了原来集体土地产权不能流动,农户权益无法得到体现的产权制度,建立起了一种农地权益由集体和农民共享的农地产权制度，能够更好地打破社区集体经济产权制度的封闭性和固化性，有利于提高农村资源的利用效益；二是农地使用权入股，实质上是进一步确认和巩固了农户对土地的承包经营权，打破了原来寻求公平过程中集体土地按人均分的调整制度，形成了按股分配的新机制，有利于土地规模经营、产业化发展；三是实行土地股份合作制，有利于形成多元化的投资主体，促使跨社区、跨所有制的联合，促进土地资源和劳动力资源的合理配置和合理流动。但是，在目前农地承包经营权还没有真正物权化，在转让出售仍然受到限制的情况下，土地股份合作制的制度效力还不能得到充分发挥，而且这一制度也有其现实条件，就是非农就业的发达、社保的覆盖。在实践中需要因地制宜，切忌盲目推进。

11.3.1.2 规范农地流转合同

为避免农地流转纠纷，必须签订好流转合同，并且预留补充约定。农地流转合同签订后，应由乡镇农经管理部门进行鉴证，承包方委托发包方或者中介服务组织流转其承包土地的，必须具有农户签字的书面委托转包书，流转合同由委托代理人签订。必须健全制度，按规定程序进行，对原已流转的农地，流转不完备、不规范、不明确的，应该经过双方同意完善合同，加以规范。农经管理部门要积极督促和规范流转双方订立合同，保护各方利益。

11.3.1.3 农业补贴要兼顾双方利益

农业是弱势行业，利润不是很高，效益不是很好。同时，农业经营又具有较高的风险，因此在农地流转的收益分配机制中应适当平衡土地流转双方的利益。从调查的情况来看，土地的流出方、流入方均对农业补贴有要求，所以政府应该充分重视这个问题。从稳定农村社会和发展规模经营两方面考虑，一是把粮食直补、良种补贴和农资综合补贴三项补贴按一定比例分配给种田大户，或者将现有的三补政策照样落实到位，即补给土地的流出方。另外，由中央或地方财政出钱补一些给规模经营大户。这样既能体现惠农政策的普惠性,又能鼓励种粮积极性。二是建议给种田大户当年购买大型农机具全部实行补贴。三是建议给一定规模的种田大户实行专项补贴。

11.3.1.4 完善农地流转登记制度

目前我国有10.86%农户没有取得土地承包经营权证书,也就是说,土地承包经营权并没有得到政府机关的确认。所谓确认,是指经当事人申请,国家专门机关将物权变动的事实记载在国家设计的专门簿册上的事实或行为。按不动产权利登记原理,不动产登记是不动产物权变动的法定公示手段,是决定不动产物权变动能否生效,或者使得物权变动取得完满效力而必须具备的程序性条件。登记的功能有两点:一是保护不动产物权自身,二是保护交易安全。土地登记是国家建立的关于土地权利的统一法律基础,也是为土地权利交易提供的法律基础,有利于节约农地流转成本。物权性的土地承包经营权与集体建设用地使用权、国有土地使用权和集体土地所有权、国有土地所有权等一道构成了我国土地不动产物权的主体部分,对土地承包经营权以物权原理登记确权的问题是无法回避的。土地承包经营权作为一种用益物权,要做到使流转具有安全性必须借助于一定的公示手段,并且从物权立法的角度来说,土地承包经营权的物权变动模式应该做到和整个物权法体系协调一致,而不能特立独行。针对不动产登记存在不统一的问题,学界一直主张不动产登记要统一登记法律依据、统一登记机关、统一登记效力、统一登记程序、统一权属证书,以使土地登记问题得到根本解决。目前,我国还没有专门的不动产登记机关。

11.3.1.5 强化农地流转监督管理

针对农地流转的一系列问题,必须对农地流转进行必要的监督和管理,保护各方利益。

1. 建立严格的农地用途管制制度

为了防止集体经济组织、企业和个人变相地通过各类集体建设用地渠道私下占用和转用农业用地，必须在建立健全农地物权制度的同时，建立健全严格农地用途管制制度，限制农地转为非农用地，并把它作为农地流转的原则红线在实际操作中来使用。借鉴日本对租地涉农企业进行管制的经验，建立我国的农业经营能力审查核准制度，既要支持企业涉农经营，又要防止盲目引进，应依据其经营能力和管理水平，选择合适的农地流转项目。借鉴以色列经验，建立更加严格的农地开发审批制度，严防农地非农化行为，并把它作为农地流转的原则红线在实际操作中来使用，提高耕地被征用的制度成本，遏制耕地减少，坚持粮食综合生产能力达到5亿t不放松，严守18亿亩耕地红线（粮食安全生命线）不动摇。

2. 建立农地流转中心

农地流转中心的设立有利于形成县乡村三位一体的农地流转管理体系，有利于强化土地流转的统筹管理和协调服务，并起到规范作用。各地应该根据区域经济特点，选择合适的规模农业项目，引导土地定向集中流转，避免流转过程中的盲目性和无序性，消除农地流转混乱对农业生产的影响。把农地流转中心的功能延伸到农村基层，形成县乡村三位一体的农地流转管理体系，能够强化统筹管理和协调服务。

3. 建立农地流转价值评估机构和项目策划机构

为了确保农地流转中各方的利益，首先应该建立农地流转价值评估机构，对流转农地进行价值评估，对用地项目进行前景效益分析，保证农地流转价格和用途的匹配性和合理性；其次，为了确保土地流入方项目经营的成功，应建立农地流转项目策划机构，实施项目策划，将符合当地经济特点的产业化项目与流转用地进行对接，提出项目可行性分析和长期经营策略，并进行后续支持和跟踪服务，努力做到流转一个成功一个。

4. 建立农地经营权流转仲裁机构

农地经营权流转仲裁机构或中介机构可以为流转双方提供民事仲裁、公证等法律咨询与援助等,促进流转的合法化和规范化。学习法国和以色列,充分尊重农民的主体作用,保护农地,防止弃耕和劣耕。设立农地流转保护基金、投资公司和担保公司,合理配置农地资源。

11.3.1.6 规避农地流转风险

首先,发展农业保险,降低投资者经营风险,提高其履约能力。其次,设立农村土地流转风险基金。在产业发展项目扶持资金中安排一定的经费,农业经营者每年交纳适当的保证金,农户在农地流转收入中提存适当经费,共同组成农地流转的风险基金,交由乡镇信托服务机构管理,并接受政府的监督。当经营失败时,风险基金优先用于支付农民的收益损失和土地复耕。再次,建立土地租赁费提前预付和土地复耕担保费制度,确保农民的最低收益不受损失。以土地承包权入股时,制定保证农民基本收益的办法,公司清算时不得将农户土地纳入破产财产。

11.3.2 加强农地流转市场培育

要通过一系列配套改革,积极培育和促成农地流转供需主体的形成。

11.3.2.1 弱化农地社保功能,健全农村社保制度

农民不愿放弃土地是致使土地难以流转的首要原因,农民认为没有土地就没有生活保障。实证研究证明,对土地的经济功能的判断与土地转入意愿呈现负相关性,也就是说,认为土地经济收益比较高的农户转出土地的概率比较低,有超过半数的农户认为土地有解决最基本生活问题的功能。现在因为农村社会保障机制不同程度的缺失,使农户不敢把农地流转出去。因此,必须加快建立农民生活保障体系。就目前农村现状来看,第一步就是要保证

农民最低生活标准,将养老保险和医疗保险制度进行全覆盖。这样农民才会消除后顾之忧。中央农村工作会议在部署2007年新农村建设工作时,明确提出要积极探索建立覆盖城乡居民的社会保障体系,在全国范围建立农村最低生活保障制度,鼓励已建立制度的地区完善制度,支持未建立制度的地区建立制度。建立农村最低生活保障制度是维护农民作为公民应当享有的生存权利的需要,是构建和谐社会的需要,是健全农村社会保障体系的需要,是改革和完善传统农村社会救济制度的需要,是市场经济发展的客观要求,也是促进农村经济社会发展的需要。

(1)建立与我国国情相适应的农村社会保障制度。农村社会保障制度的重点在于农村社会养老保险制度、最低生活保障制度和农村医疗保障制度三个方面。由于中央和地方政府的财力有限,以及我国农民的收入普遍不高,所以在全国范围内建立统一的农村社会保障制度显然是不现实的。因此,应该在健全机制的基础上,采取因地制宜的策略,按照地区的不同分别推进农村社会保障工作。

(2)加快户籍制度改革,建立城乡统一的劳动力市场。旧有的户籍制度一直阻碍农民工真正融入城市,农民工无法享受到和城市居民平等的教育权、财产权、劳动权和社会福利保障权等,使农民工始终感觉低人一等。因此,十八届三中全会要求加快户籍制度改革,使农民工能够突破户籍制度障碍,在就业政策上消除对城乡居民不平等的待遇,取消对农民工市场准入的门槛,消除对农民工及其子女的歧视,给予农民工平等的工作机会,同时要加强对规范用工的监督,强制用人单位与农民工签订用工合同。

(3)重视和做好农民工的社会保障。根据不同就业情况,对不同层次的农民工,要逐渐纳入到社会保障体系中。一是对那些拥有比较稳定职业并且已经在城市就业时间较长的农民工(实际上已经融入了城市),纳入城镇社会保障体系;二是对于那些流动性较大的农民工，则可设计一种过渡性方案，在一定范围内分档次供农民工自愿选择；三是实现农民工养老保险的异地流转。长期以来，养老保险不能跨地转移续接，严重影响了外来工参保的积极性。每年岁末，都有很多返乡农民工到社保部门退保。由于流动性大，养老关系又不能异地转移，造成农民工不愿投保。

11.3.2.2 创新机制，培育农地流转主体

在农地流转中，不仅要培育转出方，而且也要培育受让方，特别是作为农地流转需求方的种粮大户更是农地流转的主力。它有以下几个特点：一是自身素质较高，具有一定社会影响力；二是经营规模大，土地相对集中连片；三是户主多为年富力强的中年人；四是经营效益较好，具有一定经济实力的种粮大户。他们为国家的粮食安全和农村经济发展做出了积极贡献，主要表现为：实现了土地规模经营，提高了土地利用率和产出率；持续增加生产性投入，促进了粮食增产；促进了农村劳动力转移，带动了农民增收致富。所以，作为农村土地流转需求方的种粮大户影响着农地流转发展的深度与广度，各级政府要从以下几个方面加大对种粮大户的扶持力度。

（1）加强对种粮大户农业基础设施建设投入的支持。各级政府要加大对种粮大户井、电、渠、林、路等农业基础设施建设的支持力度，把农业综合开发、土地整理复垦、农田水利工程建设和沃土工程等农业项目重点工程优先安排在大户的承租地中实施，不断改善生产条件，提高其粮食综合生产能力。

（2）加大对种粮大户的农业补贴力度和资金支持力度。在粮食直补、良种补贴和农资综合补贴上，要对种粮大户按实际种植面积进行补贴，实现全覆盖；在农机具补贴上，要优先补贴种粮大户，使大户将先进适用、技术成熟、安全可靠、节能环保、服务到位的农机具广泛应用到生产中，提升机械化作业水平。市、县（区）两级财政要安排一定数量的资金，加大对种粮大户的资金扶持力度。

(3)加强种粮大户的科技培训力度,引导种粮大户实行标准化生产。各级农业部门要定期对种粮大户进行农技培训,组织其外出参观学习,提高其科技文化素质。同时,对选用新品种、应用新技术的种粮大户要给予适当补助,努力提高科技在粮食生产中的贡献率。加大基地认定和产品认证力度,打造品牌农业,对认定基地和产品认证大户给予适当补助。

(4)加大信贷支持力度。农行和信用社等金融部门要加强对大户的信贷支持,降低门槛,放宽条件,搞好上门服务。要积极探索允许大户以权属清晰、风险可控的大型农用生产设备和农地使用权等进行抵押贷款,解决资金周转困难等问题。

(5)加快发展政策性农业保险。政策性农业保险是相对于商业性农业保险而言的,是国家针对关系国计民生的重要农畜产品而设计实施的具有政府扶持性的一种制度安排,目的是降低农业的风险,保障农产品的供给,对增加农民收入、稳定农村社会和促进农地流转具有重要意义。

11.3.3 营造农地流转良好外部环境

11.3.3.1 加大政府投入力度

(1)加大对农村教育和公共卫生事业以及对弱势群体的扶持力度。这些都与农村土地流转有着密切的联系,因为农民长期以来对土地严重的依赖,一个最重要的原因就是农民的收入主要来自于农地。从前面的实证分析也可以看出,在农村中收入水平处于上层的农户有着较强的土地转出意愿,所以要通过这些措施弱化土地的社会保障功能,提高农民的收入水平,能大大改善农地流转的运作环境,有效地促进农土地流转。

(2)加强农业基础设施建设。农业基础设施建设投资是一种具有专用性、资产性的投资,其本身又具有公共物品的性质,仅仅依靠私人投资肯定是捉襟见肘的,所以2008年的中央1号文件以加强农业基础建设为主题,要求各级党委政府应把种田大户以及规模经营的农田基础设施建设考虑进去,给种田大户以项目上的支持。主要是加强对一定规模的种田大户的小型农田水利建设,把土地平整项目和水库整险项目优先安排在他们农田区域,同时优先考虑所在乡村的机耕路的建设问题,也可用以奖代补的政策鼓励种田大户在农业基础设施建设中进行投入。

11.3.3.2 加快小城镇建设步伐,转移农村剩余劳动力

经济结构转换与农业人口减少是随着经济与社会的发展而必然会出现的一个趋势。目前,在美国、加拿大、英国和法国,农业人口所占比例都没有超过总人口的5%,而美国所占比例更小,仅仅为3.6%。因此,转移我国农村劳动力,减少农村人口意义非凡。当前我国经济发展的一个最大问题就是就业结构的转换严重滞后于产业结构的转换。当然,转移农村劳动力一方面要继续发挥已有的沿海发达地区吸收劳动力的优势,引导农民工向沿海城市的转移,另一方面要加快小城镇发展,让部分农民迁入小城镇,从事二、三产业,农民有基本的生活来源,才有可能自愿放弃承包地。只有农村劳动力实现了稳定的大规模转移,才能加快农地流转进程。因此,努力发展二、三产业,推动城镇化发展进程,积极支持中西部中小城市的发展,增强中西部城市的人口吸纳能力,大规模地减少农民,是农地流转的基础和途径。各级政府都应建立专门机构,研究和组织农村劳务输出。要根据市场需求对农村劳动力进行技术培训和就业培训,提高劳动力素质,拓宽就业渠道。还要大力发展乡镇企业,发展民营经济,带动农村剩余劳动力向农村内部转移。土地流转发生在农村,那么流转条件必须由城镇创造,这是一个城乡联动的问题,也是一个解决城乡二元经济体制向一元体制转型的问题。从长远考虑,应当把着眼点放在积极为农民工创造融入城镇生活的条件上。农地流转虽然发生在农村,但流转条件是由城镇创造的,这是一个城乡联动和工农互动的问题。没有

城镇的配合,农地是流转不起来的。首先要发展城镇化和工业化,为农村富余劳动力向外转移和向内转化提供空间和条件。大量的实例表明农民不愿放弃农地是致使农地难以流转的另一个主要原因,大部分农民认为农地有解决基本生活问题的保障功能,没有了农地就没有了基本的生活保障。农民对农地的经济功能判断与农地流转意愿呈负相关性,即认为农地经济收益比较高的农户转出农地的概率比较低;反之,则转出的概率较高。所以,要让更多的农民工具备在二、三产业的就业能力,具备在城镇安家的能力,这样既有利于国家工业化、城镇化发展,又可以使农地流转起来。农民工融入城镇的基本条件是:在城镇有稳定的职业、比较高的收入、固定的居所、可靠的社会保障。有了这些基本条件,农民工才会自愿离开农地。所以,要想使农村富余劳动力转移出去,使农地流转起来,就要集中精力创造农民工融入城镇的基本条件,而不是其他。当然,也有一些农民工虽然不具备融入城镇的条件,因家里没有劳动力,采取不同方式暂时把农地流转出去了,但这种流转关系很不稳定,遇到外界环境的冲击后还是离不开家里的承包地。其次是实施转移农村剩余劳动力的配套措施。要大力发展农村经济,为农民就近就业和离农创造条件。给予弃地农民一次性的经济补偿,为农民从事其他行业提供资金支持。建立我国的预备年金制度,鼓励老年农民提前离农。要重视劳动力市场培育,在财政、税收、管理和投融资等方面给予支持,通过优惠政策的吸引和拉动来转移农村富余劳动力。突破城乡户籍制度障碍,建立城乡统一的劳动力市场,实现农民工向市民身份的“华丽”转变。

11.3.3.3 加大招商力度,实现农地流转与园区建设的有机结合

目前县乡两级工业与城建的招商引资力度较大,而农村和农业方面招商引资的力度相对较小,发展土地规模经营,需要招商引资。河南省新乡县有效的农地流转工作足以说明这一点。新乡县的龙泉庄园项目,有几千亩地的规模,跟国外农庄主相比毫不逊

色，在科学种田、机械化作业和特色农业上都有重大进步，具有现代农业的特征与性质。如果只是一种简单的土地集中，在生产技术与产业组织方面并没有质的变化，这种模式还算不上真正的现代农业。国外的土地规模化经营，是社会化生产、企业化运作、标准化要求。我国大部分农地流转的规模经营同国外相比还有很大的距离，所以我们要不断摸索农地流转的不同模式，探索农业现代化的多种实现形式，实现农业现代化。当前要鼓励农民参与农业园区建设和农村经济合作组织，积极推广农民以地入股的形式参与大户的土地规模经营，甚或加入龙头企业，让农民成为股东，获取较好收益。

11.4 注重研究和探索农地流转新形式

从当前的总体情况来看，我国农地流转形式仍然以转包、租赁、互换、代耕、反租倒包等为主，方式较为简单。所以，要研究和探索层次较高的农地流转新形式。农地股权化就是一种很好的农地使用制度。

11.4.1 实施农地股权化需要的前提条件

实践证明，发达的非农就业和到位的社会保障能够使农地股权化顺利实现。大量的富余劳动力滞留于农业是阻碍农地股权化的一个主要原因。所以，转移农村富余劳动力和健全农村社保制度成为了农地股权化的前提条件。必须引导和增强农民非农就业能力，加快农村社会保障体系建设，弱化农地保障功能。

11.4.2 农地股权化运作具有可完善性

农地股权化是正在发展中的新兴事物，必然具有局限性和稚幼性。首先是股权设置问题。当前，我国还没有建立规范的农地评估制度，现有的农地评估只是参照农业纯收入，简单地将土地经营权作价入股，对农地生产力、设备和技术等因素考虑较少，缺乏科学的评估数据和过程，往往不能反映出农地的真实价值，相对的降低了农户的股权比例。所以，必须建立我国农地流转价值评估体系，按照农地流转类别、用途和方式等确定市场价格，使农地物有所值。其次是建立内部机制问题。在实践中，一些地区的股权化经济组织在具体的运作过程中，没有建立起科学的内部机制，鉴于农户股权比例较小、较分散，所以其重大事项往往由股权化经济组织负责人说了算，不能充分尊重农户的民主权利，视股权为一种单纯的福利分配，甚至置规章制度于不顾，影响了农民的农地流转积极性。有的股权化经济组织还沿用了农民专业合作社的做法，在不具备条件的情况下允许成员自由退出和转让，直接导致了主要资产——农地的变动，影响了经营管理和规模效益，违背了农地股权化的初衷和要求，不符合经济发展规律。所以，要加强农村教育和农民培训，提高农民自身素质，并严格按照《公司法》等法律法规规范经济组织，明确成员的权利和义务，使农地股权化运作有序进行。

11.5 大力发展农业产业化——以河南为例

农业产业化是实现新型农业现代化的必由之路。近年来河南农业产业化发展迅速，对中原经济区探索推进工业化、城镇化进程中不以牺牲和削弱农业为代价的发展路子具有重要意义。

农业产业化经营是我国实行农村家庭联产承包责任制以后的又一伟大创举。它以国内外市场为导向，以农户经营为基础，以提高经济效益为中心，以龙头企业、专业市场和合作经济组织为纽带，以科技进步为支撑，围绕支柱产业和主导产品，优化组合生产要素，延长农业产业链，是产供销、农工贸和经科教一体化经营的一种新的产业经营形式。其实质是突破传统农业经营模式，使农业要素向二、三产业延伸，以提高农业生产率和经济效益，让多元参与主体连接成“一损俱损，一荣俱荣”的利益共同体，从而使农业经营的全过程进入良性循环。

推进农业产业化经营可以形成大规模产业群，实现农产品链式深加工，增加产品附加值，提升农业比较效益，提高农业进入市场的组织程度和抗风险能力。河南省发展农业产业化经营不仅对中原经济区探索推进工业化、城镇化进程中不以牺牲和削弱农业为代价的发展路子具有重要意义，而且是实现中原经济区农业现代化的必由之路。

11.5.1　河南农业产业化绩效评价

近几年来，河南农业产业化发展坚持以科学发展观为指导，以建设社会主义新农村和中原经济区建设为契机，努力实现由国家“粮仓”到国家“厨房”的转变。河南农业产业化进入了一个加速发展时期，总体态势良好，成效显著。

11.5.1.1　农业产业化格局初步形成

(1)农业产业化初具雏形。河南依托平原优势，大力发展种植业和养殖业，建成了大型面粉及面制品加工基地、肉类生产加工基地、调味品生产基地和冷冻食品加工基地，形成了一批大型的优势农业产业带。

(2)农业产业化经营组织发展迅速。截止到2011 年，全省农业产业化经营组织达到了15 000 多家，与各类农业产业化组织形成相对稳定利益关系的种植业基地面积达5 617 万亩，各类农业产业化经营组织从业人数达到575 万人。

(3)农产品加工效能明显提高。目前全省农产品加工企业达到3.1 万家，面粉、火腿肠、味精、方便面、挂面、面制速冻食品等产量均居全国首位，国内市场火腿肠总销量的80% 出自河南，速冻食品总销量的60%是“河南制造”,方便面总销量的30%来自中原。

11.5.1.2 农业产业化水平有所提升

(1)龙头企业和产业基地发展迅速。河南农业产业化龙头企业发展迅速,成为了河南农业产业化发展的突破口。2011年各级龙头企业达到6 248家,年销售收入超1亿元的企业594家、超30亿元的企业10家、超100亿元的企业3家,12家企业在国内外上市。河南省积极打造产业集聚区,建成一批农业示范园区和农产品工业园区,形成了平原地区的优质小麦生产基地,黄河滩区和豫东平原畜牧养殖示范带。

(2)农产品市场体系建设成效显著。河南省农产品市场发展迅猛,建设力度大,形成了以农副产品专业批发市场为核心,农村经济组织为依托,域外市场为发展空间的产业化体系,并且基本实现了市场网络化建设。目前全省农产品批发市场已发展到281个,交易总额817亿元。其中,年交易额超过10亿元的市场19个、超过1亿元的市场146个。

(3)名牌产品不断涌现。各地市实行品牌战略,涌现出了华英、大用、金苑、三全、思念、莲花、双汇等品牌。其中,双汇、莲花、南街村等多个品牌被国家工商总局认定为中国驰名商标。

11.5.1.3 农业产业化效益显著

(1)河南省委、省政府坚持以粮食生产促进农业产业化经营,以产业化经营带动粮食产业发展,使河南省粮食产量连创新高,实现九连增,小麦产量多年位居全国第一,为国家粮食安全做出了重要贡献。

(2)农民收入明显增加。河南农业产业化的发展,促进了产加销和贸工农的有机结合,农民收入持续增加。2011年全省农产品加工企业达到3万多家,近7 000万人受益,人均增收近2 000元,成为农民增收的主要来源。

(3)农村经济社会结构得到一定程度的优化。农业产业结构趋于优化,资源、区位、技术、经济等优势得到发挥,劳力、技术、资金、土地等生产要素得到了较为合理的流动,产业布局向专业化、区域化、集约化发展,工业化、城镇化和农业现代化相互促进,经济社会进一步发展。

11.5.2 河南农业产业化发展的约束因素

河南省在农业产业化发展的过程中也遇到一系列约束因素,这些因素制约着农业产业化的进一步发展。

11.5.2.1 思想观念陈旧

受计划经济和传统农业的影响,一些市县仍然有就农业抓农业的思维定式,以追求不出问题为目标,缺乏开拓精神和创新精神,宁愿苦熬,不愿苦干,没有从思想上对农业产业化发展给予高度重视。一些农业产业化企业和组织,存在急功近利思想,追求投资少、周期短、见效快的项目,发展目标不长远、不清晰,创新活力不足。

11.5.2.2 农业产业化经营主体需要进一步提升

(1)龙头企业实力需要增强。目前,河南省龙头企业建设步伐明显加快,但是和国内农业发达地区相比,龙头企业的"集群效应"差,基本没有形成完整的集群经济。除双汇、莲花、三全等重点龙头企业外,大部分龙头企业实力不强,规模不够大,产业化水平不太高,生产的"高、精、尖、新"产品不多,附加值较低,出口创汇产品少。河南只是农业大省,还不是农业强省。

(2)经济组织发展缓慢。河南省农业产业化经济组织尚处于发展的初级阶段,规模小而分散,结构不够规范,经费来源没有保障,组织化程度低,抗风险能力不强,信息流通不畅,技术手段落后,积极作用未得到充分发挥。

(3)经营主体内部运营机制不合理。各经营主体仅满足于从建基地抓主导产业入手来启动和推进产业化，尚未建立起与产业化经营相适应的运作体系和机制，经营主体之间还不能连接成“利益共享、风险共担、唇齿相依”的紧密型经济共同体。

(4)经营者素质需要提高。国内外农业产业化的实践证明，影响农业产业化发展的决定要素，是经营者的素质，特别是一线劳动者素质的高低，对农业产业化发展起着决定性作用。河南省从事农业产业化发展的劳动者素质比较低，可以满足于低水平、小规模的小农经济，对产业化发展很不适应。

11.5.2.3 农业产业化经营外部环境有待进一步优化

(1)发展不均衡，融资机制不健全。河南农业产业化整体发展是豫东、豫南发展相对较慢，豫北、豫中发展较快，豫南的驻马店、南阳发展较快，其他地区发展较慢。在融资方面还没有建立资金支持和补偿机制，融资渠道不畅，“抽水机效应”“马太效应”问题严重。

(2)服务体系不完善。河南省一些地市一般比较重视县乡级以上服务体系建设，村庄是一个薄弱环节，在不少地方存在着不少“信息孤岛”和“技术棚架”问题。服务体系本身也存在条块分割、各自为战现象，协同效率较低，甚至个别服务主体片面追求盈利，不能与产业化经营主体建立正相关性利益关系。

为促进河南农业产业化发展，针对当前的这些制约因素，要做好应对工作。

11.5.3 河南农业产业化经营的优化选择

11.5.3.1 解放思想，更新观念

农业产业化是事关中原经济区发展全局的系统工程，在思想观念上要破除传统农业的束缚，不要把农业特别是粮食生产单纯看作“无农不稳”的“政治农业”，树立商品农业、市场农业、效益农业的新观念。要破除产业分割、城乡分离的传统意识，树立工业

化、城镇化和农业现代化的“三化”协调发展的现代农业意识。树立农业产业化是大农业、大流通理念,要向精深加工要效益,向国内外要市场,把农业产业化放在省市域乃至全国经济的总体发展中去规划,放在实现小康社会总目标中去运筹。

11.5.3.2 优化内部环境

(1)发展农业产业化集群,提升龙头企业核心竞争力。要重点实施龙头企业带动战略,立足当地区位优势,围绕“特色、优势、潜力”,加速培育一批区域特色强、科技含量高、产业链条长、成长空间大、增值水平高、辐射带动能力强、符合产业化要求的龙头企业。鼓励龙头企业加强与科研院所、大专院校的合作,建立研发中心,自主创新,加速科研成果转化,引进和推广重大关键技术,提高产品附加值,增强企业市场竞争力。

(2)加快产业基地建设。按照围绕龙头建基地、突出特色建基地、依托市场建基地、集中连片建基地的原则,以农业科技园和现代农业示范区为依托,不断调整产业结构,转变增长方式。积极开展农产品原产地、地理标志、证明商标的注册,积极建设专业化、规模化、优质化、标准化的农产品生产基地。

(3)加快培育和规范农业产业化、市场化体系。农业产业化经营能否实现,最终取决于市场化体系的发展。所以,要积极培育和优化产业化要素市场,尽快建立全省统一的农业产业化市场体系,使资金、技术、劳动力、土地和农产品等要素更加合理地流动,为产业化主体经营创造一个宽松的经营环境。

(4)加强职业技术培训,提高劳动者素质。农业产业化的发展依赖于劳动者素质的提升。要加强农村义务教育和职业技术教育,把课堂教育和田间地头实践有机结合起来,把农业产业化教育和提高素质结合起来,培养一大批复合型经营者和新型劳动者。

11.5.3.3 营造良好外部环境

(1)建立政府宏观调控体系。农业产业化经营是一项复杂的社会系统工程，所以政府要以中原经济区建设为契机，因地制宜，科学调控，合理布局，在豫北、豫中等农产品加工业相对发达地区，要加快培育一批规模化加工企业；在豫东地区，要集中力量上重点项目，尽量拉长产业链条；在豫西南地区，重点发展畜牧养殖、果木、中药材等经济作物。要制定相关政策和法规，改革政府职能，建设服务型政府，努力协调各方利益诉求。

（2）畅通融资渠道，加大扶持力度。河南农业产业化发展所需要的资金可能为几千亿元，如此巨大的资金需求，必须多方筹措、多元化投入才能实现。首先要完善财政支农政策，加大支持力度，保持各级财政支农资金投入的稳定性与长期性。其次要加大招商引资力度，积极吸引省外、国外资金。最后要完善融资体系，形成全方位、多层次、多渠道、多方式的农业融资格局。

（3）加速信息化服务体系建设。

①建立信息服务体系，提升信息化管理水平。农业信息化是农业产业化的重要标志，所以要建立和完善河南省多媒体农业产业化综合信息服务系统，重视信息网络平台建设，构建市、县、乡、村四级农业信息数据库，使全省逐渐达到数字化服务，实现信息共享。

②建立农业产业化预警制度和110服务制度。要在做好示范工作的基础上，逐步在全省逐步推广预警制度和110服务工作，使农业产业化信息服务畅通无阻，彻底解决农业产业化发展过程中的一些技术和经营问题，使信息服务体系最大限度地为农业产业化发展服务。

11.5.3.4 建立健全多样性的利益协调机制

利益机制是农业产业化的核心，在农业产业化发展中利益协调机制的建立具有举足轻重的作用。所以，要建立和完善各实体间的双向约束机制，以产销合同为纽带，使各主体都能在遵守规则的基础上获得利益。倡导资金和技术预付制度，制定最低保护价格,建立弱势保护机制。鼓励企业改制,以生产要素为纽带,对资金、技术、土地、劳动力等生产要素进行组合,吸引各实体入股参股,结成利益共同体,然后按各要素贡献大小进行利益分配。

11.6 借鉴国内外发展经验,创建具有我国特色的新型农业现代化发展道路

综合以上分析,可以看到法国、以色列、日本三个国家的许多客观条件与我国有相同或相似之处,因此其农业现代化过程中所积累的经验至少在以下几个方面对我们有所启示。

11.6.1 继续加大政府投入和扶持力度

农业现代化是一个不断突破和持续投入的过程。在我国还无法实现对农业进行高额补贴的当下,调动各方对农业进行支持就显得极其重要。借鉴发达国家经验,首先要加强基础设施建设,完善财政信贷优惠政策,继续增加国家对农业资金投入力度,并用财政补贴、赋税减免和投资补助及奖励等激励方式吸引市场主体进入到农业现代化建设中来。建立国家农业投入增长机制和增效机制,保证政府农业投入逐年大幅度增加,并提高资金使用效率。其次要逐步建立起以政府投入为导向,企业和农民投入为主体,信贷投入为驱动,外资投入为补充的农业投入机制,为农业提供资金保证。最后要健全农产品价格形成机制、市场调控和监测预警体系,统筹利用国际、国内两个市场,保障农业现代化建设顺利前行。

11.6.2 重视教育和创新

农业现代化的科技性特点非常突出,如果没有高素质的劳动力和先进的科学技术,就不可能实现农业现代化。发达国家在农业现代化发展中都非常重视教育和科技创新,劳动者素质和科技

水平普遍较高。当前我国大多数素质较高的农民长期在外打工，真正从事一线农业劳动的是“993861”部队，整体素质偏低，于农业发展极为不利。有鉴于发达国家的经验，我国要加大对农业高校及职业教育的投资力度，支持高校毕业生和各类优秀人才投身农业，鼓励外出务工农民带技术、带资金回乡创业。进一步强化农业科研人才激励机制，建立农科教协同创新机制，完善科技创新、制度创新和技术推广体系，整合资源，统筹规划，打造一批规模化、集约化和标准化的生产培育基地，构建以企业为主体、产业为主导、基地为依托、产学研相结合和育繁推一体化的现代农业发展体系，提高农业科技含量，为实现我国农业现代化提供强大推力。

11.6.3 优化和创新发展模式

由于农业现代化是一种科技化、信息化、规模化、市场化、生态化和社会化的生产过程，所以不同的国情和域情在实现方式上不尽相同。地广人稀的美国、加拿大、澳大利亚等国家普遍采取大农场经营方式，而人多地少的发达国家（如法国、以色列、日本）则根据自身特点，或形成资源节约型发展模式，或走科技型发展之路，或走“集约+技术”复合型农业发展道路。我国国情特殊，域情复杂，既要遵循农业现代化发展规律，又要借鉴发达国家发展方式，形成独具特色的中国农业现代化发展模式。在人口稠密地区或欠发达地区可以通过劳动与技术密集实现农业现代化；在资金充裕、土地连片、生产基础好的平原地区可以通过资金集约进行农业现代化建设；在地广人稀的东北和西北地区可以通过农地流转建立大型农场，进行规模经营来实现农业现代化；在农业资源严重短缺的广大内陆地区，应选择资源节约型发展模式来实现农业现代化。

总之，要因地制宜，发挥优势，形成独特的发展体系和实践模式。

11.6.4 健全农业经济组织社会化服务体系

长期以来,我国坚持“以家庭经营为基础和统分结合的双层经营体制”,可是分散的小农经营导致了农民合作化程度降低,社会化服务短缺,抵御市场风险能力减弱,很不适应市场经济发展的要求,对农业发展的阻碍作用越来越明显。法国、以色列、日本等国家都非常重视农业经济合作组织在农业现代化发展中的作用,我国也应该积极研究和借鉴这方面的经验,建立健全农业服务体系,积极引导和支持以行业或产品为纽带的各类专业行会、协会和合作社等经营服务组织,提高农民组织化程度。在发展与规范并重的前提下,把农业过程有序地引向市场,进行横向网络发展。待时机成熟时,再组建纵向的全国性农业经营服务组织,实行农业过程全覆盖服务,快速推进农业现代化发展。在一些特殊的地区可以组建类似于以色列莫沙夫式的经济合作组织。它既是一个多功能的独立的成员合作经济组织,向成员提供技术和设备,统一销售各种农产品,降低市场交易成本,增强成员抗风险能力,又是一个更重视单个家庭作用的具有自治性的基层行政单位,每个成员的思想、教育、文化、保健和其他方面的困难等需求都会得到集体的帮助,并统一做出安排,处处体现一种“集体精神”。成员之间互相帮助,并服从于集体利益。它与我国现行的社区相似,但又有所不同,是建立在成员代表制度上具有真正意义上的民主自治区域。下面以开封市农业经济合作组织建设为例,论证我国农业经济组织社会化服务。

11.6.4.1 开封市农村经济合作组织的总体发展现状

开封市地处豫东平原,总人口 476 万人,农业人口 373 万人,全市总土地面积 6 444 km^2,耕地 591 万亩。2003 年全市农林牧渔业总产值达到 134.56 亿元,第一产业增加值完成 79.17 亿元,占全市生产总值的比重达到 27.5%,是一个典型的农业市。近几年来,开封市坚持用新型合作制推进农业产业化经营,探索农业和农村经济的现代化途径,已取得了阶段性成果。目前,全市共有各类农村合作经济组织793个,入社(会)股金6 000多万元,社(会)员8.17万户,共有8.9%的农户加入了各种类型的合作经济组织。主要形式和类型为:

(1)从合作性质上看,主要有四种形式:一是专业合作社24个,占总数的3%;二是专业协会488个,占61.5%;三是股份合作社132个,占16.6%;四是其他类型149个,占18.9%。

(2)从从事的专业领域看,涵盖了农业各行业。其中,种植业354个,占总数的44.6%;养殖业235个,占29.6%;加工及运输业87个,占11%;其他领域117个,占14.8%。

(3)从成员的地域范围看,覆盖了所有乡镇,部分实现了跨省市。其中,乡镇地域以内的587个,占总数的74%;跨乡镇的158个,占19.9%;跨县市的34个,占4.3%;跨省辖市及省的14个,占1.8%。

(4)从创办形式看,初步形成了五种形式:一是能人或大户牵头创办493个,占总数的62.1%;二是依托乡村创办106个,占13.4%;三是依托龙头企业创办69个,占8.7%;四是依托国家经济技术服务组织创办17个,占2.1%;五是其他形式108个,占13.7%。

(5)从服务内容看,初步具有市场化特征。其中,从事技术和信息服务的227个,占28.6%;从事资金服务的134个,占17%;从事供销服务的178个,占22.4%;从事其他服务的254个,占32%。

11.6.4.2 农村合作经济组织建设的初步成效

1. 有效连接小生产与大市场,促进了农业产业化经营

尉氏县鱼鸭混养协会,依托尉氏县贾鲁河开发总公司,上连市场,下连农户,中连公司,通过产前、产中、产后的全程服务,充分发

挥桥梁和纽带作用，将生产—加工—销售集为一体，形成了“协会+公司+基地+农户”的产业化经营模式。

2. 提高了组织化程度，搞活了市场流通

市场流通不畅，农产品卖难，严重影响农民的收益。尉氏县庄头乡高寨村韭菜种植协会因地制宜、因势利导，把原来分散从事韭菜生产、小区域流通、小规模初级加工的农户组织起来，发展会员几百户。对会员实行统一供种、统一价格、统一培训、统一技术指导、统一产品销售。同时，建成了高寨韭菜批发市场，建立了一支销售队伍，有效地解决了韭菜种植户的“卖菜难，增收难”问题。在协会带动下，目前全村发展拱棚韭菜单产达到3 000 kg，亩均效益4 500元。还带动周边村发展拱棚韭菜20 000亩，年创产值近亿元。

3. 培育了优势产业，增加了农民收入

开封郊区南郊乡菊花协会，发挥城郊型农业优势，抓住开封菊展商机，通过为农民提供新品种、技术培训、病虫害防治、产品销售等产前、产中、产后服务，推动了该乡菊花面积的发展，初步确立了该乡的菊花产业优势。目前，该乡已建成菊花基地3个，总面积1 000多亩，年产鲜花300多万盆，农民人均年收入达到3 000元以上。

4. 发展了农村二、三产业，促进了富余劳动力转移

开封县兴隆乡胡萝卜协会一手抓生产、一手抓流通，通过几年的发展，目前胡萝卜种植面积已达近万亩，年产量20多万t，亩效益4 000余元。同时，发动会员入股，兴建了占地100亩的胡萝卜大市场，设有158个货位，年交易量20多万t，交易额近3 000万元，培养、安置农产品经纪人和个体商户300余人。据不完全统计，全市现有10多万农户加入各类专业合作组织，合作组织内部提供了近5万个就业岗位。

5. 深化了农村改革，促进了传统合作经济的组织创新

供销合作社是我国三大传统合作经济组织之一。近几年开封市各级供销合作社以“引导农民进市场，推动农业产业化”为己任，积极兴办农村新型合作组织，初步实现了传统合作经济的组织创新，不少基层供销合作社由此脱胎换骨，获得了新生和发展。

11.6.4.3 当前开封市农村合作经济组织发展中亟待解决的主要问题及对策

近年来，虽然开封市农村合作经济组织有了一定发展，但仍处于起步阶段，还存在不少问题：一是认识不足。一些地方的农民习惯于一家一户的小生产方式，缺乏组织起来共同发展的热情，合作意识淡薄；一些地方和部门对发展农村合作经济组织也缺乏足够的认识。全市农村合作经济总体发展速度仍然不快，比重大大低于发达农区20%以上的水平，更低于发达国家60%以上的水平。二是实力较弱。开封市农村合作经济组织规模普遍较小、实力较弱。其表现有二：股金少，融资难。目前，每个组织的股金平均只有7.6万元，可以融通的资金也十分有限。因此，服务水平较低，自我发展能力较差，带动辐射能力不大，竞争力不强。三是合作程度不高。在新型合作经济组织中，专业合作社是合作程度较高的一种，专业协会则是相对松散的。目前，全市比较成熟的专业合作社只有五六十家，占全部合作经济组织的比重小，而大量的是专业协会。这说明全市发展紧密的、成熟的合作经济组织的任务还很重。四是管理不够规范。有的农村合作经济组织没有完整的章程和内部管理、监督制度，有的运作不够民主，大多数也没有实行“二次分配”。五是社（会）员的综合素质不高。合作带头人和骨干分子大多数没有经过专门培训，适应市场经济的意识和能力不强，懂技术会管理、市场开拓能力强的复合型人才更是缺乏。六是资金运作困难。这是各地普遍反映的最突出的问题。七是信息服务手段落后，减弱了合作社的服务效果。

针对上述问题,开封市在实践中摸索出了不少好的办法,同时也提出了不少好的建议。归纳起来,主要有以下几个方面:

(1)切实加强领导,真正把引导、组织、扶持和服务农村合作经济的发展做为转变政府职能,推进农业产业化、现代化的着力点和突破口。要真正把工作重点从传统的“催收、催种”转移到大力兴办农村合作经济组织上来。

(2)用创新的精神,大力发展以专业合作社和专业协会为主要形式的新型合作经济组织。注意避免过去体制下那种政府主导组建、依靠计划运作、按行政区域布局、合作社与社员“两张皮”的传统合作模式,真正建立起群众自愿自办为基础,以市场为导向、以利益为纽带、以专业化为特征、以贸工农一体化为目标的现代的、新型的农村合作经济组织。

(3)从宣传、教育和培训入手,着力普及合作社的基本知识。让广大农村干部和农民群众都真正认识到合作社的价值,弄明白合作社的规则,掌握住办好合作社的本领。建议国家发改委和农业部在“银河培训工程”等项目中,列入专项计划,加大培训投入,尽快培养和造就一大批农村合作经济组织建设的组织者、带头人和骨干分子。

(4)抓紧制定农村合作经济组织的发展规划。2013 年底开封市农村合作经济组织达到 1 000 多个,入社农户的比重达到 20% 以上,并在整体素质和运行效果上都有明显提高。

(5)继续实施“专业合作社建设示范工程”。选择一批产业有优势、合作有基础、发展有潜力的专业合作社和专业协会,重点扶持、树立样板,让广大农民摸得着、看得见、跟着学、比着干,从而带动一大批新型合作社的发展,以点带面,稳步发展。

(6)进一步规范合作经济组织的管理体制和运行机制。按照“民有、民管、民享”的方针和“自愿、平等、民主、互利”的原则,使合作社都要具备五项基本条件:①有章程;②有社员股金;③实行民主管理和民主监督;④为社员服务,对内不以盈利为目的,对外按市场法则办事;⑤实行“二次分配”,充分体现合作。

(7)尽快形成“政府推动,各方参与,多轮驱动”的工作格局。农村合作经济组织建设的三个重点是:组织引导农民自主兴办合作社;商业组织转轨变型与农民合办合作社;涉农经济技术部门牵头领办合作社。此外,农业、财政、金融、民政、工商等有关部门都要找准位置、明确任务,优化政策,协力帮扶,尤其是农村信用社的小额贷款,要切实向合作社及其社员重点倾斜。

(8)进一步加快立法步伐,完善合作社政策体系。合作经济组织作为弱势群体的联合,除在经济上的重大作用外,在维护社会稳定,促进社会公平方面具有不可替代的作用,国家应秉承以人为本的科学发展观,在财政、税收和金融政策方面,给合作经济组织以更大的倾斜、更多的优惠。建议各级财政在支农资金中单设“农村合作发展基金”,重点用于合作经济组织的创立、经营加工项目的资金扶持的贷款贴息。

第 12 章　结　论

本书有以下几个主要的研究结论：

(1)本书通过对国内外农地流转和农业现代化发展进行总结回顾与评析，认为农地流转是新型农业现代化发展的必要条件，由于农地制度改革是一个循序渐进的过程，所以其模式选择不是单一的，而是相互渗透和相互弥补的。由于新型农业现代化具有多元而复杂的动态发展性、整体协调性、区域差异性和时代性，所以农业现代化既包括技术层面，又包括制度层面，既包括农业内部，又包括农业外部，任何单方面的现代化都不能称之为完全意义上的新型农业现代化。

(2)本书通过对世界上不同类型国家农地流转和农业现代化路径选择与我国进行纵向参照和横向比较，认为农地流转模式和农业现代化的路径选择具有普遍的差异性和广泛的趋同性特征，因此，应将其普遍性与特殊性结合起来进行分析和研究，探索我国农地流转和新型农业现代化发展道路。

(3)结合我国农地流转和新型农业现代化的特殊经济社会特征，即政治、经济、文化教育等二元结构，认为目前我国农地流转和新型农业现代化必须走制度创新及模式创新之路，在深化现行土地制度改革的过程中走新型农业现代化道路，这是壮大我国集体经济的必由之路，是我国农业发展的现实选择和最优选择。

参 考 文 献

[1] 中共中央 国务院关于积极发展现代农业扎实推进社会主义新农村建设的若干意见[N]. 人民日报,2007-01-29.

[2] 蒋和平,等. 中国农业现代化发展阶段的评价[J]. 科技与经济,2006(4).

[3] 西奥多尔·舒尔茨. 改造传统农业[M]. 北京:商务印书馆,2003.

[4] 王国敏. 农业产业化与农业宏观政策研究[M]. 成都:四川大学出版社,2002.

[5] 李燕琼. 我国传统农业现代化的困境与路径突破[J]. 经济学家,2007(5).

[6] 康爱荣,于法稳. 我国农业现代化的诠释[J]. 甘肃社会科学,2005(1).

[7] 陈柏槐. 农机化是现代农业建设的关键[J]. 农村财政与财务,2008(11).

[8] 黄祖辉,王朋. 农村土地流转:现状、问题及对策——兼论土地流转对现代农业发展的影响[J]. 浙江大学学报:人文社会科学版,2008(2).

[9] 孟勤国. 中国农村土地流转问题研究[M]. 北京:法律出版社,2009.

[10] 刘丽. 关于农村土地承包经营权流转问题探析[D]. 长春:吉林大学,2008.

[11] 林冬生. 统筹城乡发展背景下粮食安全的两难困境及对策[J]. 农村经济,2010(12).

[12] 朱泽. 中国粮食安全研究与对策[M]. 武汉:湖北科学技术出版社,1998.

[13] 童彦,潘玉君,施玉. 基于耕地压力指数的云南粮食产能安全动态分析[J]. 农业现代化研究,2012(1).

[14] 范成勇,付士波,谢鑫星. 粮食安全与耕地保护研究[J]. 草业科学,2010(3).

[15] 田建民. 粮食安全长效机制构建的核心[J]. 农业现代化研究,2010(2).
[16] 李广东,邱道持,王平. 中国耕地保护机制建设研究进展[J]. 地理科学进展,2011(3).
[17] 颜玉华. 我国耕地与粮食安全[J]. 决策与信息,2011(5).
[18] 段玉婉,刘用,杨翠红. 中国耕地面积变化及分区域面板数据建模分析[J]. 统计与决策,2012(3).
[19] 王跃先,崔童. 以粮食安全为视角论耕地占补平衡[J]. 学理论,2012(6).
[20] 李科威. 论建立耕地保护的土地管理新机制与策划[J]. 黑龙江科技信息,2012(1).
[21] 陈建波. 中国的粮食安全、回顾与前瞻[J]. 南京经济学院学报,2001(3).
[22] 王咏红. 科技革命与粮食安全[J]. 华东经济管理,2001(3).
[23] 王群. 粮食安全的耕地保障分析[J]. 地域研究与开发,2001(4).
[24] 雷玉桃,王雅鹏. 论稳定粮食生产能力与粮食安全问题[J]. 粮食科技与经济,2001(4).
[25] 张立富,张锦海,刘颖. 中国的粮食安全问题[J]. 农业经济,2002(3).
[26] 余振国,胡小平. 我国粮食安全与耕地的数量和质量关系研究[J]. 地理与地理信息科学,2003(3).
[27] 谭术魁,彭补拙. 粮食安全的耕地保障检讨及近期耕地调控思路[J]. 经济地理,2003(3).
[28] 丁声俊,朱立志. 世界粮食安全问题现状[J]. 中国农村经济,2003(3).
[29] 宫建华,王宝海. 加强粮食综合生产能力建设确保国家粮食安全[J]. 莱阳农学院学报:社会科学版,2005(1).
[30] 王锡桐. 我国耕地资源的可持续利用与粮食安全[J]. 重庆社会科学,2005(4).
[31] 李应春,翁鸣. 日本农业政策调整及其原因分析[J]. 农业经济问题,2006(1).
[32] 张学忙,董利民. 武汉市大力发展农业循环经济调查[J]. 农业经济问

题,2006(4).
[33] 徐勇,王雅鹏. 城市化加速期粮食安全要素的研究[J]. 中国农学通报,2006(5).
[34] 杨秀平,孙东升. 日本环境保全型农业的发展[J]. 世界农业,2006(9).
[35] 傅超,郑娟尔,吴次芳. 建国以来我国耕地数量变化的历史考察与启示[J]. 国土资源科技管理,2007(6).
[36] 杨慧荣. 粮食安全与土地资源可持续利用[J]. 甘肃农业,2008(11).
[37] 钟水映,李魁. 基于粮食安全的我国耕地保护对策研究[J]. 中国软科学,2009(9).
[38] 屈雪冰,赵华甫. 中国近期耕地资源的变化及其对粮食产能的影响[J]. 安徽农学通报,2011(11).
[39] 蒋满元,唐玉斌. 论我国耕地资源的保护与利用[J]. 山东理工大学学报:社会科学版,2007(7).
[40] 归秀娥. 我国耕地资源可持续利用面临的问题与对策[J]. 经济大视野,2008(7).
[41] 朱红波. 粮食安全的耕地资源保障措施研究[J]. 水土保持研究,2006(5).
[42] 赵予新. 粮食综合生产能力构成要素与提升对策[J]. 法制与社会,2007(5).
[43] 梁荣. 农业综合生产能力初探[J]. 中国农村经济,2005(12).
[44] 张勇. 坚守18亿亩耕地"红线"的探讨[J]. 经济问题探索,2011(2).
[45] 孔祥斌. 粮食安全:不能忽视耕地的作用[J]. 争鸣,2011(6).
[46] 马文杰,冯中朝. 粮食综合生产能力与耕地流失的关系研究[J]. 农业现代化研究,2005(5).
[47] 余振国,袭燕燕,李晓妹. 论耕地质量、种粮效益与我国粮食安全[J]. 资源开发与市场,2003(1).
[48] 谢小立,周敬明,刘新平. 粮食安全:我国农业现代化的任务与标志[J]. 中国人口、资源与环境,2001(3).
[49] 石婷婷. 粮食安全与政府土地政策的调整[J]. 浙江学刊,2010(3).
[50] 曹东勃. 滞留在现代化中途:转轨国家的农业之惑[J]. 读书,2008

(6).
[51] 明庆忠. 人地关系和谐:中国可持续发展的根本保证[J]. 清华大学学报,2007(6).
[52] 王陆雅. 基于粮食安全的农村水利设施角度分析[J]. 沿海企业与科技,2010(1).
[53] 王学才. 农村土地承包经营权流转问题研究[D]. 武汉:华中科技大学,2007.
[54] 刘振泉,姚智君. 我国粮食安全的重要保障——稳健优质的粮食生产[J]. 地理在线,2009(4).
[55] 李海鹏,叶慧. 我国城市化与粮食安全的动态耦合分析[J]. 城市经济,2008(5).
[56] 陈静彬,岳意定. 我国粮食安全研究进展[J]. 安徽农业科学,2008(11).
[57] 王刚毅,王蓥. 黑龙江土地资源利用与粮食安全[J]. 黑龙江粮食,2007(5).
[58] 耿玉环,张建军,田明中. 论我国耕地保护与粮食安全[J]. 资源开发与市场,2007(10).
[59] 刘正山. 我国粮食安全与耕地保护[J]. 财经科学,2006(7).
[60] 刘凌. 粮食安全预警系统指标体系设计[J]. 内蒙古科技与经济,2007(1).
[61] 龙方,曾福生. 中国粮食安全的战略目标与模式选择[J]. 农业经济问题,2008(7).
[62] 陈百明,周小萍. 中国近期耕地资源与粮食综合生产能力的变化态势[J]. 资源科学,2004(5).
[63] 张正斌,徐萍. 中国水资源和粮食安全问题探讨[J]. 中国生态农业学报,2008(5).
[64] 龙方. 中国未来粮食供求趋势预测[J]. 乡镇经济,2008(6).
[65] 张正斌,段子渊. 中国粮食安全路在何方[J]. 战略与决策研究,2009(6).
[66] 张正斌,段子渊. 从区域水资源高效利用看中国粮食增产潜能[J]. 科学时报,2009(7).

[67] 马爱锄,杨改河,黑亮. 粮食安全新内涵与中国粮食安全态势分析[J]. 西北农林科技大学学报,2003(3).
[68] 卢良恕. 立足于食物安全的大局 着眼于生产能力的提高确保我国新时期的粮食安全[J]. 中国食物与营养,2004(4).
[69] 许云霄. 农村公共物品提供的分析[J]. 财政研究,2006(3).
[70] 蔡鹭茵. 切实保护和提高粮食综合生产能力[J]. 农业经济,2004(7).
[71] 王景平,张晶. 试论中国粮食安全问题[J]. 安徽农业科学,2007(11).
[72] 张效军,欧名豪,高艳梅,等. 我国耕地保护制度的理论命题与机制创新[J]. 农业现代化研究,2008(1).
[73] 吴晓芳,陈美球,周丙娟,等. 我国耕地保护机制现状与对策思考[J]. 国上资源科技管理,2008(1).
[74] 沈彭. 运用市场经济规则保护耕地初探[J]. 广东土地科学,2008(12).
[75] 齐曼华. 我国耕地保护现状及对策研究[J]. 农业与技术,2009(3).
[76] 张全景,欧名豪,王万茂. 中国土地用途管制制度的耕地保护绩效及其区域差异研究[J]. 中国土地科学,2008(9).
[77] 刘艳. 农地使用权流转研究[M]. 北京:北京师范大学出版社,2010.
[78] 郭晓鸣,廖祖君. 农村土地承包经营权流转机制创新研究[J]. 土地市场,2012(1).
[79] 左平凉. 土地承包经营权法律问题研究[M]. 长沙:中南大学出版社,2007.
[80] 陈瑞莲,等. 破解城乡二元结构:基于广东的实证分析[M]. 北京:社会科学文献出版社,2008.
[81] 黄建水. 农村土地承包经营权流转制度立法研究[J]. 河南大学学报:社会科学版,2011(1).
[82] 卢峰. 比较优势与食物贸易结构[J]. 经济研究,1997(3).
[83] 白金明. 生态家园典型模式与技术[M]. 北京:中国农业出版社,2006.
[84] 蔡晓明. 生态系统生态学[M]. 北京:科学出版社,2000.
[85] 柴宝芬,周志霞. 国外生态工业园的形成与发展[J]. 产业与科技论坛,2007(6).
[86] 陈冬梅,卞新民,窦华泰,等. 江苏省河横村循环型农业结构与功能分

析[J]. 江苏农业科学,2006(3).
[87] 陈阜. 农业生态学教程[M]. 北京:气象出版社,1998.
[88] 戴丽. 云南农业循环经济发展模式研究[J]. 云南民族大学学报,2006(1).
[89] 邓启明,黄祖辉. 循环经济及其在农业上的发展应用研究综述[J]. 浙江工商大学学报,2006(6).
[90] 杜相革,董民. 有机农业导论[M]. 北京:中国农业大学出版社,2006.
[91] 谷曼. 我国循环农业发展的实证研究[J]. 河南农业科学,2007(2):28.
[92] 郝忠华,杨国林. 推广沼气工程 发展循环农业——中卫市万国企业有限公司循环农业经济模式[J]. 宁夏农林科技,2007,5(5).
[93] 黄寰. 以自主创新为基础,构建区域生态循环型农业——以四川省为例[J]. 科技进步与对策,2006(7).
[94] 黄涛,陈文俊. 论循环农业的技术构成[J]. 湖北经济学院学报,2006(3).
[95] 金晶,曲福田. 循环农业经济体系的内涵及其构建[J]. 中国人口资源与环境,2006(16).
[96] 李晖. 现代农业循环经济发展的基本取向及对策[J]. 农村经济,2006(10).
[97] 李敏琪. 循环农业是我国农业可持续发展的必由之路[J]. 乡镇经济,2007(8).
[98] 李文华,赖世登. 中国农林复合经营[M]. 北京:科学技术出版社,1994.
[99] 李阳. 关于我国发展循环农业的思考[J]. 经济纵横,2006(5).
[100] 李玉学,陈剑. 对富源村发展循环农业的调查与思考[J]. 西部金融,2007(8).
[101] 李哲敏,信丽媛. 国外生态农业发展及现状分析[J]. 浙江农业科学,2007(3).
[102] 梁惠清. 珠三角地区循环农业发展模式探讨[J]. 经济与科技,2006(10).
[103] 林春燕. 中国传统循环农业思想研究[J]. 科技信息,2006(10).

[104] 刘勇,姚星."3R"原则指导下的农工一体化循环经济模式——对贵港国家生态工业(制糖)示范园建设的分析[J]. 生态经济,2005(10).
[105] 罗广妍,史亚军,杨为民. 北京蟹岛生态农业经营模式研究[J]. 北京农学院学报,2006(1).
[106] 马其芳,黄贤金,彭补拙,等. 区域农业循环经济发展评价及其实证研究[J]. 自然资源学报,2005(6).
[107] 莫明荣,李国平,王辉武,等.宜州市循环农业模式探讨——以桑蚕甘蔗产业为例[J].当代广西,2007(13).
[108] 邱丹,白延飞.江苏发展循环农业的探索和实践[J].农业环境与发展,2006(3).
[109] 史小红.循环农业及发展模式研究[J].河南教育学院学报,2007(4).
[110] 王惠生. 北方"四位一体"生态种养模式[J]. 科学种养,2007(1).
[111] 王行靳. 现代农业视阈中的循环农业问题研究[J].黑河学刊,2007(3).
[112] 吴季松.循环经济综论[M].北京:新华出版社,2006.
[113] 严少华.现代循环农业产业化模式的实践与探索[J].江苏农村经济,2006(11).
[114] 赵剑峰. 北京蟹岛创新的循环经济发展模式分析[J]. 世界农业,2006(9).
[115] 赵铭,林聪,王伟,等. 京郊新"四位一体"生态模式[J]. 可再生能源,2006(1).
[116] 雷彦斌,李徽,欧国立. 基于政府科技投入的中国转制科研机构效率评价与研究[J]. 科学学与科学技术管理,2010(7).
[117] 李长健,朱梓萁,曹俊. 新农村建设中农业科技创新问题研究[J]. 学理论,2008(4).
[118] 李淑英. 日本农业推广体系的特点及启示[J]. 世界农业,2007(12).
[119] 李维生. 创新机制,加强我国多元化农业科技推广体系建设——日本农业科技推广的经验和启示[J]. 山东农业科学,2010(9).
[120] 蔺银鼎. 基于社会主义新农村建设的农业科技创新体系构建[J]. 农业科研经管管理,2008(2).
[121] 柳卸林. 二元的中国创新体系[J]. 科学学与科学技术管理,2006

(2).
[122] 龙如银,李仲贵. 基于SE-DEA的中国省域技术创新效率评价[J]. 科技管理研究,2009(1).
[123] 卢江勇,蒋和平. 我国农业科技创新能力实证研究[J]. 中国农业科技导报,2008(10).
[124] 马红霞,刘琪. 我国农业科技创新发展的问题及其对策探究[J]. 吉林师范大学学报:人文社科版,2010(3).
[125] 史修松. 区域创新系统及其效率测度研究发展动态[J]. 改革与战略,2009(9).
[126] 谈应权,蔡德军. 农业科技创新与服务体系构建的分析与研究[J]. 农业科技管理,2010(5).
[127] 杜秀芳,闫笑非. 基于因子分析的中国区域技术创新能力差异实证研究[J]. 改革与战略,2008(8).
[128] 段莉. 典型国家建设农业科技创新体系的经验借鉴[J]. 科技管理研究,2010(4).
[129] 高启杰. 企业持续发展与技术创新能力评价理论研究[J]. 经济纵横,2008(2).
[130] 郭久荣. 以色列农业科技创新体系的保障机制[J]. 新农村,2007(3).
[131] 韩先锋,师萍,卫伟. 我国区域科技创新效率、模式与收敛性分析[J]. 统计与决策,2010(16).
[132] 贺德方. 我国科技投入的效率、效果评价研究[J]. 情报学报,2006(6).
[133] 王益慧,孙进昌. 我国农业科技创新体系建设的主要问题及对策[J]. 科学与管理,2008(4).
[134] 吴延兵. 市场结构、产权结构与R&D——中国制造业的实证分析[J]. 统计研究,2007(5).
[135] 谢元. 我国农业科技创新面临问题与对策的研究[J]. 科技管理研究,2010(9).
[136] 宣琳琳,徐欣. 基于多中心治理理论的农业科技创新[J]. 经济研究导刊,2010(2).

[137] 杨春平. 技术创新——国家创新体系的核心[J]. 科技管理研究,2006(4).
[138] 杨印生,刘海存,马琨. 农业产业化龙头企业技术创新环境影响要素辨识及系统[J]. 分析税务与经济,2008(1).
[139] 叶蓁,刘志迎. 中国高技术产业技术效率影响因素分析[J]. 科技与经济,2006(5).
[140] 蒋省三,刘守英. 土地制度改革与国民经济成长[J]. 管理世界,2007(9).
[141] 张雪娥. 当前我国农业科技创新能力的问题及出路[J]. 中共福建省委党校学报,2009(12).
[142] 赵英霞. 加快发展中国农业物流的对策[J]. 商业研究,2006(1).
[143] 赵玉榕. 论台湾农业科技创新及其启示[J]. 海峡科技与产业,2007(6).
[144] 郑淑玲. 加快农业科技创新与推广的必要性及对策[J]. 现代农业科技,2010(5).
[145] 陈勇. 现代物流发展与我国农村物流体系的重构[J]. 农业经济问题,2006(4).
[146] 崔贵芹,王健,赵宪军. 荷兰农业产业化经营对我国农业发展的借鉴[J]. 商场现代化,2007(9).
[147] 龙方. 新世纪中国粮食安全问题研究[J]. 湖南农业大学学报:社会科学版,2007(3).
[148] 万宝瑞. 深化对粮食安全的认识[J]. 农业经济问题,2008(9).
[149] 钱忠好. 中国农村土地制度变迁和创新研究(续)[M]. 北京:社会科学文献出版社,2005.
[150] 胡小平. 粮食适度规模经营及其比较效益[J]. 中国社会科学,1994(6).
[151] 国家统计局. 2008 年中国统计年鉴[M]. 北京:中国统计出版社,2008.
[152] 葛清. 国际米贵,国内抛荒[N]. 南方周末,2008-04-24(17).
[153] 钱忠好. 农地承包经营权市场流转:理论与实证分析——基于农户层面的经济分析[J]. 经济研究,2003(2).

[154] 赵阳. 农地市场的发育:非农经济、粮食市场与产权边界[J]. 改革,2006(12).
[155] 史清华,贾生华. 农户家庭农地要素流动趋势及其根源比较[J]. 管理世界,2000(1).
[156] 韩俊. 改革开放以来农村经济社会转型研究[J]. 经济研究导刊,2008(2).
[157] 叶剑平,蒋妍,丰雷. 中国农村土地流转市场的调查研究——基于2005年17省调查的分析和建议[J]. 中国农村观察,2006(4).
[158] 宋敏,王世新,刘武. 我国农地流转特征及规律的实证研究[J]. 新疆农垦经济,2006(10).
[159] 邓瑾. 再辩土地新政[N]. 南方周末,2008-10-23(13).
[160] 许庆,章元. 土地调整、地权稳定性与农民长期投资激励[J]. 经济研究,2005(10).
[161] 田传浩,陈宏生,贾生华. 农地市场对耕地零碎化的影响[J]. 经济学季刊,2005(4).
[162] 罗伊·普罗斯特曼,蒂姆·汉斯达德,李平. 中国农业的规模经营:政策适当吗[J]. 中国农村观察,1996(6).
[163] 万广华,程恩江. 规模经济、土地细碎化与我国的粮食生产[J]. 中国农村观察,1996(3).
[164] 郭奔胜,陈先发. 新一轮土地流转出现"非粮化"冲动[N]. 经济参考报,2008-10-20(4).
[165] 张五钢. 河南省与台湾省农业科技创新比较[J]. 河南农业科学,2010(11).
[166] 张伟,张宏业,郑财贵. 建立土地整理与新农村建设协调机制的思考[J]. 经济研究导刊,2009(4).
[167] 张正峰,赵伟. 土地整理的生态环境效应分析[J]. 农业工程学报,2007,23(8).
[168] 秦元伟,赵庚星,王静,等. 黄河三角洲滨海盐碱退化地恢复与再利用评价[J]. 农业工程学报,2009(11).
[169] 韩涛,茅于轼. 新农村和城镇化建设同时进行[J]. 城市开发,2006(4).

[170] 谢扬. 城镇化道路与新农村建设[J]. 求知,2006(5).
[171] 潘锦云,杨国才. 新农村建设拖累了工业化和城市化吗[J]. 经济学家,2007(4).
[172] 顾益康. 统筹城乡发展,全面推进社会主义新农村建设[J]. 中国农村经济,2006(1).
[173] 洪银兴. 工业和城市反哺农业、农村的路径研究——长三角地区实践的理论思考[J]. 经济研究,2007(5).
[174] 齐良书. 收入不均与健康:城乡差异和职业地位的影响[J]. 经济研究,2006(11).
[175] 刘洁. 三农发展是构建社会主义和谐社会的关键[J]. 现代农业,2007(2).
[176] 孙久文. 推进农村工业化演变 实现城乡协调发展[J]. 农村金融研究,2009(9).
[177] 张寿正. 关于城市化过程中失地农民的思考[J]. 中国农村经济,2004(2).
[178] 周明芳. 试论城市化发展与耕地资源保护[J]. 改革与战略,2007(5).
[179] 曾福生,李明贤,等. 社会主义新农村建设情况的调查与思考——对湖南3个县(区)的调查[J]. 农业经济问题,2006(10).
[180] 谭崇台. 发展经济学[M]. 上海:上海人民出版社,1996.
[181] 李炳坤. 扎实稳步推进社会主义新农村建设[J]. 中国农村经济,2005(11).
[182] 侯慧艳. 扩大内需与新农村建设的关系[J]. 探索,2009(4).
[183] 江文胜. 社会主义新农村建设有哪些内容[J]. 科学决策,2006(1).
[184] 胡际权. 中国新型城镇化发展研究[D]. 重庆:西南农业大学,2005.
[185] 白桦. 提高生活质量 建设和谐城市[J]. 理论前沿,2007,15(4).
[186] 胡宗潭. 切实加强城市社会事业基础设施建设[J]. 发展研究,2005(2).
[187] 郑新立. 借鉴韩国新村运动经验,加快我国新农村建设[J]. 农村工作通讯,2005(9).
[188] 周琳琅. 统筹城乡发展理论与实践[M]. 北京:中国经济出版社,

2005.
[189] 窦祥胜. 社会主义新农村建设的基本推动力:工业化、城市化与城乡一体化[J]. 社会科学家,2008(6).
[190] 杨振宁. 新农村建设和城镇化协调发展评价指标研究——基于时序数据[J]. 农村经济与科技,2008(11).
[191] 朱颖. 城乡一体化评价性指标体系研究[J]. 农村经济与科技,2008(7).
[192] 夏春萍. 湖北省统筹城乡经济发展研究[D]. 武汉:华中农业大学,2005.
[193] 刘桂珍,徐春骇. 我国财政支农支出与农民收入增长关系研究[J]. 中国集体经济,2009(4).
[194] 许经勇. 创建我国新型城乡关系的基础——城市和乡村一体化[J]. 福建理论学习,2006(7).
[195] 曲凌雁. 新农村建设与新型城市化发展道路[J]. 未来与发展,2007(1).
[196] 林毅夫. 落实社会主义新农村建设的五点建议[J]. 金融经济,2006(7).
[197] 郑新立. 关于社会主义新农村的几个问题[J]. 农业经济问题,2006(1).
[198] 陈钊,陆铭. 从分割到融合:城乡经济增长与社会和谐的政治经济学[J]. 经济研究,2008(1).
[199] 王检贵,丁守海. 中国究竟还有多少农业剩余劳动力[J]. 中国社会科学,2005(5).
[200] 梁保松,高波,刘芳. 河南省财政支农支出与第一产业增长的动态关系研究[J]. 河南农业大学学报,2009(4).
[201] 中华人民共和国环境保护部. 2007 中国环境质量报告[M]. 北京:中国环境科学出版社,2007.
[202] 欧阳涛,向萍. 长株潭两型社会建设中统筹城乡发展问题探讨[J]. 发展研究,2009(8).
[203] 徐平华. 我国农村剩余劳动力转移分析[J]. 农业经济问题,2006(6).

[204] 谭程伟. 农村剩余劳动力转移的实证分析——以湖南为例[J]. 市场论坛,2009(5).
[205] 鲁靖. 我国农村金融体系中的金融压制与突破[J]. 农业经济问题,2007(11).
[206] 谭庆刚. 构建和谐社会视角下的户籍制度改革与城乡协调发展[J]. 现代财经,2008(2).
[207] 赵航飞. 我国户籍制度改革阻力分析——基于公共产品提供的角度[J]. 知识经济,2009(8).
[208] 吴晓霞,刘纯限. 韩国新村运动的经验与启示[J]. 湖南农业大学学报,2008(12).
[209] 汤继伦. 韩国新村运动对我国农村人力资源开发的启示[J]. 东疆学刊,2007(1).
[210] 南刚志. 韩国新村运动对我国新农村建设的启示[J]. 理论前沿,2008(10).
[211] 郑秉文. 拉美的增长性贫困与社会保障的作用[J]. 中国劳动保障,2007(7).
[212] 苏振兴. 谨防城市化的消极后果——兼论拉美国家城市化的教训及启示[J]. 中国党政干部论坛,2006(6).
[213] 孙鸿志. 韩国新村运动告诉我们什么[J]. 银行家,2007(10).
[214] 侯成鹏. 吸取拉美现象教训 构建社会主义和谐社会[J]. 理论学习,2006(7).
[215] 高凡修. 农村土地承包经营权流转中农民利益保障机制研究[J]. 中国集体经济,2012(4).
[216] 贺定修. 大力推进湖南工业化进程 促进社会主义新农村建设和城镇化发展[J]. 经济师,2009(4).
[217] 全伟. 统筹城乡产业发展及其对策研究[J]. 改革与战略,2009(3).
[218] 李向荣,彭先球. 浅论湖南粮食安全与耕地保护[J]. 湖南农业科学,2007(4).
[219] 华彦玲,施国庆,刘爱文. 国外农地流转理论和实践综述[J]. 世界农业,2006(9).
[220] 唐文金. 农户土地流转意愿与行为研究[M]. 北京:中国经济出版

社,2008.
[221] 杨婷娜. 农户土地承包经营权流转行为研究——基于绍兴县的农户调查[D]. 杭州:浙江大学,2006.
[222] 邱道持. 论农村土地流转[M]. 重庆:西南师范大学出版社,2009.
[223] 钟涨宝,汪萍. 农地流转过程中的农户行为分析——湖北、浙江等地的农户问卷调查[J]. 中国农村观察,2003(6).
[224] 姚洋. 集体决策下的诱导性制度变迁[J]. 中国农村观察,2000(2).
[225] 杨涛. 农村耕地抛荒与土地流转问题的理论探析[J]. 调研世界,2003(2).
[226] 史卫民. 国外农村土地流转的经验与借鉴[J]. 经济纵横,2009(7).
[227] 李全伦. 土地直接产权与间接产权——一种新农村土地产权关系[J]. 中国土地科学,2007(2).
[228] 田传浩,贾生华. 农地市场对土地使用权配置影响的实证研究——基于苏浙鲁 1083 个农户的调查[J]. 中国农村经济,2003(10).
[229] 何国俊,徐冲. 城郊农户土地流转意愿分析——基于北京郊区 6 村的实证研究[J]. 经济科学,2007(5).
[230] 陆文聪,朱志良. 农地流转供求关系实证分析——以上海为例[J]. 中国农村经济,2007(1).
[231] 刘克春,林坚. 农村已婚妇女失地与农地流转——基于江西省农户调查的实证研究[J]. 中国农村经济,2005(9).
[232] 张务伟,张福明,杨学成. 农业富余劳动力转移程度与其土地处置方式的关系——基于山东省 2421 位农业转移劳动力调查资料的分析[J]. 中国农村经济,2009(3).
[233] 刘志仁. 农村土地流转中的信托机制研究[M]. 长沙:湖南人民出版社,2008.
[234] 刘涛. 小农改造、土地流转与农业的现代化之路[J]. 内蒙古社会科学:汉文版,2012(7).
[235] 万力,刘秋掸. 新时期我国农村土地流转问题刍议[J]. 经济与社会发展,2009(3).
[236] 杨朝喜,等. 关于农村土地流转问题的探讨[J]. 湖南农业科学,2009(2).

[237] 郭荣朝．农村土地流转机制研究[J]．科学经济社会，2005(2)．
[238] 荀守奎．农村土地流转相关问题研究[J]．当代世界与社会主义，2009(2)．
[239] 邓超．关于新农村建设中土地流转问题的思考[J]．现代农业科学，2008(16)．
[240] 柯夏生，林金标．温岭市农村土地流转现状及对策[J]．现代农业科学，2008(22)．
[241] 徐铁良，张晓娟．农村土地承包经营权流转问题探析[J]．成都大学学报：社学科学版，2008(4)．
[242] 李学军，李飞．土地流转需解决五大问题[J]．中国土地，2008(10)．
[243] 祝保平．创新机制强化土地承包规范化管理[J]．农村经营管理，2006(12)．
[244] 王彬．我国土地流转制度存在的问题及对策[J]．湖北经济学院学报：人文社会科学版，2008(10)．
[245] 黄河，等．农业法视野中的土地承包经营权流转法制保障研究[M]．北京：中国政法大学出版社，2007.
[246] 郁剑波．我国农民土地承包经营权流转的理性思考[D]．苏州：苏州大学，2008.
[247] 郎义华．新农村建设示范区农村劳动力转移与土地流转研究——以重庆市九龙坡区为例[D]．重庆：西南大学，2008.
[248] 国土资源部政策法规厅，等．创新与发展——农民集体所有建设用地使用权流转芜湖试点经验[M]．北京：中国社会科学出版社，2003.
[249] 游勇．农村集体土地使用权流转中存在的问题及对策研究[D]．成都：四川大学，2007.
[250] 李军．论农村土地承包经营权流转制度[D]．哈尔滨：黑龙江大学，2006.
[251] 陈荣蓉．农村集体土地流转研究——以重庆市荣昌县为例[D]．重庆：西南农业大学，2003.
[252] 金山．国内外土地流转问题研究综述[J]．产业与科技论坛，2011(15)．
[253] 刘敏华，田永明，马永耀．发达国家农业现代化规律与启示[J]．农业

经济,2009(6).
[254] 喻刚勇. 法国农业现代化建设经验及启示[J]. 湖北广播电视大学学报,2011(1).
[255] 张秀广,谢萍. 日本农业现代化实现路径及其对我国的启示[J]. 江苏农业科学,2011(6).
[256] 金丽馥. 健全农地流转机制 推进现代农业发展[J]. 理论导刊,2009(1).
[257] 肖玲,林琳. "绿岛模式"研究——一个循环农业企业案例分析[J]. 地理科学,2006(1).
[258] 曾艳华. 建立促进我国循环农业发展的长效机制[J]. 学术论坛,2006(7).
[259] 曾业松. 统筹城乡发展,推进新农村建设[J]. 视野,2007(1).
[260] 郭继强. 中国农民工城乡双锁定工资决定模型[J]. 中国农村经济,2007(10).
[261] 邢树华. 论土地承包经营权的流转[D]. 济南:山东大学,2007.